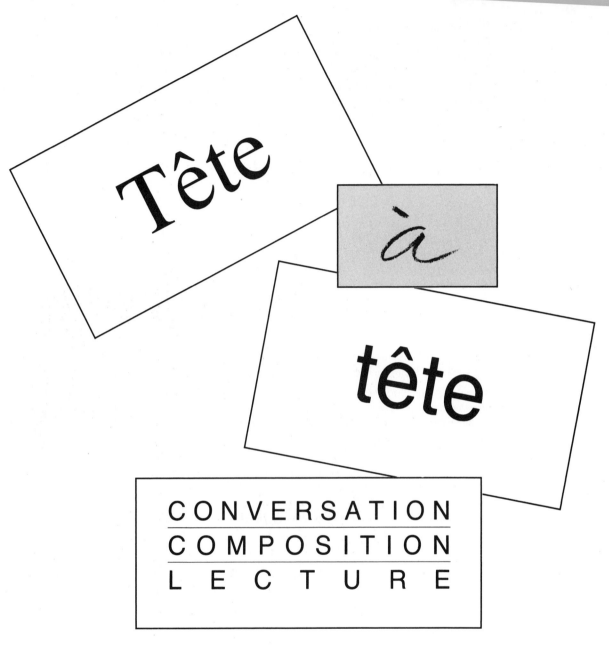

# Tête à tête

## CONVERSATION
## COMPOSITION
## LECTURE

# Isabelle Salaün-Gorrell

Rollins College

**HH**

Heinle & Heinle Publishers
A Division of Wadsworth, Inc.
Boston, Massachusetts 02116 USA

Publisher: Stanley J. Galek
Editor: Petra Hausberger
Development Editor: Kathleen Ossip
Project Editor: Ellen MacElree
Design Supervisor: Mary Archondes
Text Design: Carmen Cavazos
Cover Design and Illustration: Bethany Gully

For permission to use copyrighted material, grateful acknowledgment is made to the copyright holders on pp. 179–180, which are hereby made part of this copyright page.

Tête-à-tête: conversation, composition, lecture
Copyright © 1992 by Heinle & Heinle Publishers, A Division of Wadsworth, Inc.

Manufactured in the United States of America.
ISBN 0-8384-3682-X

**Library of Congress Cataloging-in-Publication Data**

Salaün-Gorrell, Isabelle.
    Tête-à-tête : conversation, composition, lecture / Isabelle Salaün-Gorrell.
        p.    cm.
    ISBN 0-8384-3682-X
    1. French language—Textbooks for foreign speakers—English.
    2. French language—Conversation and phrase books—English.
    3. French language—Readers.    I. Title.
    PC2129.E5G67   1992
    448.2'421—dc20                                      91-3421
                                                        CIP

91 92 93 94 9 8 7 6 5 4 3 2 1

Pour Adrien

# TABLE DES MATIERES

# PREFACE

## Purpose of the Book

*Tête-à-tête: conversation, composition, lecture* is both a reader and a conversation manual intended for intermediate and upper-intermediate conversation and composition courses at the college level. Its main objective is to give students the opportunity to improve their reading skills along with their ability to express themselves in French first orally and then in writing.

All of the readings presented are authentic documents—articles from French newspapers and magazines such as *Le Point*, le *Nouvel Observateur*, *Elle*, *France-Amérique*, *Femme Actuelle*, and *Santé Magazine;* cartoons; and advertisements. They concern up-to-date topics related to students' interests and everyday life. Together with the exercises and activities, they should enable students to improve their vocabulary and reading and comprehension skills, and make them feel more comfortable with the French language.

## Organization of the Book

*Tête-à-tête* is divided into 12 chapters, each of which is organized around a particular topic.

The reading selections are all relatively short, and their level of difficulty is constant throughout the text, so that instructors may cover the chapters in any order.

A French-English glossary at the end of the text gives translations of the words listed in the **A savoir** sections and glossed in the readings.

Each chapter features seven sections, as follows:

1. **A savoir.** This first section provides students with essential words and expressions, related thematically and grouped by topic for easier learning. Each **A savoir** section contains 70 to 80 words that students should learn before attempting the exercises that follow.

2. **Pratiquons!** The exercises that follow the vocabulary list are designed to reinforce and expand on the reading selections and help students practice the target vocabulary. These seven or eight short exercises should be done orally in class to drill the vocabulary introduced in the **A savoir** section. Students will learn the new vocabulary words by making word associations, giving antonyms or synonyms, defining words, and answering questions.

3. **Activités.** The **Pratiquons!** section is followed by two **Activités** presented in the form of newspaper articles, cartoons, or advertisements. They are intended as a starting point for conversation, vocabulary expansion, and culture coverage, and will ease students into the context of the topic before they advance to the longer reading that follows. Each **Activité** has four major sections:

   a. **Questions avant la lecture.** This section is intended to trigger the students' interest in the reading selection that follows.

   b. **Stratégie de lecture.** Here, prereading hints are offered, such as how to skim, scan, and guess meaning from context.

   c. **Realia.** Short newspaper articles, cartoons, and advertisements, tied to the chapter theme, make the reading more lively and authentic. Difficult words not likely to be known by intermediate students are glossed in the margin.

d. **Répondons!** This section consists of a series of comprehension questions on the reading.

4. **Lecture.** After the **Activités** comes a longer reading of greater difficulty than those in the **Activités** sections. Each reading selection has five main sections:

   a. **Questions avant la lecture.** This section introduces students to the theme of the text, draws on their background knowledge, and primes them to understand the reading.

   b. **Stratégies de lecture.** This chapter element helps students learn to skim and scan the reading that follows and guess the meaning of words from context. It encourages students to realize that the word-by-word approach to understanding a text is not the best solution.

   c. **Introduction.** This provides students with background knowledge and information on the cultural context of the reading.

   d. **Lecture.** The reading is always an authentic text taken from a magazine or a newspaper article, and gives students some interesting and engaging information about France or other French-speaking countries and their cultures. Words and expressions not likely to be known by intermediate-level students are glossed in the margin.

   e. **Répondons!** This section consists of basic content questions on the reading that can be answered orally in class or can be assigned as written homework.

5. **Discutons un peu!** After practicing the target vocabulary, students are now able to answer more general questions that deal with the theme of the chapter and can expand upon them in class.

6. **Mettons-nous en situation!** In this section students are asked to participate in various activities:

   a. **Mise en scène.** Here students are asked to act out different situations in groups. This type of activity is challenging in that it requires a lot of imagination. Most of these activities require some preparation, and a good knowledge of the vocabulary listed in the **A savoir** section of the chapter. In order to improve their fluency in the language, students should prepare theses scenes at home and present them in class without looking at their notes. At the end of their role play, the rest of the class may be encouraged to ask questions if time permits. The students participating in these exercises should be graded according to four factors: clarity of expression, spontaneity, grammatical correctness, and vocabulary use.

   b. **Présentations orales.** A group of students gives an oral presentation on a given subject, after which the rest of the class asks questions. For this exercise students sometimes have to do some library research. They should be graded according to the clarity and grammatical correctness of their presentation and the amount and quality of research done.

   c. **Tables rondes.** All students are asked to comment on a particular controversial topic and discuss it in class. Students are asked to voice their opinions in turn and react to their classmates' answers. The instructor's role should be that of a moderator.

   d. **Projets.** Each chapter provides instructions for one or two small groups of students to research and prepare a written report on a particular topic. The report is then presented orally in class and can lead to lively discussions.

Students in the audience should take notes and should be encouraged to comment or ask questions on the topic.

e. **Sondages.** Two or three students poll ten people on a given subject. The survey can be conducted in English but should be presented to the class in French. Students must write down the people's answers, organize them, draw some conclusion from them, and finally ask the class its opinion of the results.

f. **Enquêtes:** Two or three students conduct a survey on an assigned topic by researching documents and interviewing people. Then they present the results to the other students, who ask questions and comment. In this exercise students become real investigators who must not only conduct some research but also interview people and present the results of their interviews to the rest of the class. Students participating in an **enquête** should be graded according to these four factors: amount of research done, clarity of presentation, grammatical correctness, and vocabulary use.

g. **Interviews.** Two students interview one or two persons on a particular topic and report the results to their classmates, who ask questions and makes comments. Students should be graded according to the same factors as for the **Enquêtes.**

h. **Exercices de groupes.** In this activity, the class is divided into several groups. Each group has to do the same assignment in class and compare it with the other groups. To make sure that everyone in each group has done the assignment, the instructor should circulate and ask questions.

i. **Amalgame.** The class is divided into three groups. Each group has to find a document, discuss it, and summarize or comment on it before coming to class. In class each group has to present its document to the rest of the class, answer their questions, and comment on the documents chosen by the other two groups.

j. **Discussion.** Spontaneous (or prepared) discussion between two or three students in class is generated when they read a piece of realia. After the discussion the rest of the class should comment.

k. **Jeu des devinettes.** Two or three students select an event, an object, or a person. The rest of the class tries to guess by asking questions to which the student can only respond by «oui» or «non».

7. **Soyons créatifs!** This is the last section of each chapter and a logical follow-up to the various readings and discussions. Four composition topics are suggested, listed by difficulty and length (from 50 to 200 words). These compositions can be assigned as homework or as tests in class at the end of each chapter. This section also contains **Writing Tips,** which focus on the writing process: generating ideas, organizing material, writing a first draft, rewriting, and editing.

# Sample Syllabi for a 12-Week Semester

The following syllabi are designed for intermediate French classes meeting three times a week for a total of 36 class-hours over 12 weeks.

**SYLLABUS 1**

| semaine et chapitre | lundi | mercredi | vendredi |
|---|---|---|---|
| 1 | A savoir<br>Pratiquons!<br>Activité 1 | Activité 2<br>Lecture | Discutons!<br>Mettons-nous en situation!<br>Soyons créatifs! |
| 2 | A savoir<br>Pratiquons!<br>Activité 1 | Activité 2<br>Lecture | Discutons!<br>Mettons-nous en situation!<br>Soyons créatifs! |

etc.

**SYLLABUS 2**

| semaine et chapitre | lundi | mercredi | vendredi |
|---|---|---|---|
| 1 | A savoir<br>Pratiquons!<br>Activité 1 *or*<br>Activité 2 | Lecture<br>Discutons! | Mettons-nous en situation!<br>Soyons créatifs! |
| 2 | A savoir<br>Pratiquons!<br>Activité 1 *or*<br>Activité 2 | Lecture<br>Discutons! | Mettons-nous en situation!<br>Soyons créatifs! |

etc.

**Isabelle Salaün-Gorrell**

# ACKNOWLEDGMENTS

I am very grateful to the following reviewers for their suggestions, insightful comments and constructive criticisms:

Diane Fagin Adler
North Carolina State University

James J. Baran
Marquette University

Annette Baslaw
New York University

Susanna G. Belocq
Ohio Wesleyan University

Mustapha K. Benouis
University of Hawaii

David Birdsong
University of Florida

Barbara Bowen
Vanderbilt University

Rosa Bobia
Kennesaw State College

Walter L. Chatfield
Iowa State University

Jacques Dubois
University of Northern Iowa

Kathleen Y. Ensz
University of Northern Colorado

Raymond Eichmann
University of Arkansas

James Gaasch
Humboldt State University

Barbara Giangiulio
Southern Methodist University

Patricia Jordahl
Roanoke College

Professor Angèle Kingué
Bucknell University

Lynn Klausenburger
University of Washington

Jean-Paul Koenig
University of North Carolina, Greensboro

Louise Fiber Luce
Miami University

Mary Harris McGehee
Louisiana State University Laboratory School

Josy McGinn
Syracuse University

Lyle R. Polly
Southwest Missouri State

Kenneth H. Rogers
University of Rhode Island

Virginia Scott
Vanderbilt University

David M. Uber
Baylor University

Marvin Weinberger
San Francisco State University

Richard C. Williamson
Bates College

Benné Willerman
University of Texas at Austin

I would also like to thank Laura McKenna, sponsoring editor, Ellen MacElree, project editor, Cathy Ossip, development editor, and Mira Schachne, photo researcher, for their suggestions and enthusiasm throughout the manuscript.

A very special thank you goes to my husband Mark for his patience and constant support of this project.

I. S. G.

# La vie familiale

# A SAVOIR

## LA FAMILLE

la famille nombreuse     *large family*
le bébé = le nourrisson
le demi-frère (la demi-sœur)
le fils (la fille) unique     *only child*
le foyer     *home*
le lien de parenté     *family tie*
le parrain (la marraine)     *godfather (godmother)*
les ancêtres
l'adolescent(e)
l'arbre (*m.*) généalogique     *family tree*
l'orphelin(e)

## LE MARIAGE

le coup de foudre     *love at first sight*
l'union (*f.*) libre     *living together*
le mariage (d'amour, de raison, d'argent)
le faire-part de mariage     *marriage announcement*
le garçon (la demoiselle) d'honneur
le banquet
les jeunes mariés     *newlyweds*
le voyage de noces = la lune de miel
la bonne d'enfants = la baby-sitter

## LA MORT

la mort = le décès
le faire-part de décès     *death announcement*
l'enterrement (*m.*)     *funeral*
le (la) défunt(e) = le (la) mort(e)
le cimetière
la tombe     *grave*

---

fiancé
remarié
séparé
enceinte     *pregnant*
paternel (le) ≠ maternel(le)

marié ≠ divorcé
proche ≠ éloigné
aîné ≠ cadet(te)
veuf(-ve)     *widower / (widow)*
décédé = mort

tomber amoureux(-euse) (de) = s'éprendre (de)     *to fall in love (with)*
se fiancer (avec) ≠ rompre ses fiançailles
se marier = épouser
tomber enceinte     Félicitations!
baptiser
élever     *to raise (children)*
garder un enfant = faire du baby-sitting
divorcer (de) = se séparer (de)
mourir ≠ naître
enterrer     Toutes mes condoléances!
être en deuil     *to be in mourning*
hériter
s'entendre (avec)

# PRATIQUONS!

**A.** Quel lien logique voyez-vous entre les mots et expressions ci-dessous? Expliquez.

les condoléances les jeunes mariés le parrain

le bébé le baptême le décès

la baby-sitter le voyage de noces

**B.** Quel est le contraire des adjectifs suivants? Construisez une phrase avec chacun d'eux.

**1.** marié          **2.** éloigné          **3.** paternel(le)

**C.** Donnez un synonyme pour chaque mot ou expression ci-dessous et employez-le dans une phrase.

**1.** épouser
**2.** la baby-sitter

**3.** se séparer de
**4.** le bébé

**5.** le défunt
**6.** tomber amoureux

**D.** A quoi vous font penser les mots ou l'expression qui suivent?

**1.** la mort          **2.** baptiser          **3.** le voyage de noces

**E.** Quelle est la différence entre:

**1.** un homme veuf et un homme divorcé?
**2.** les fiançailles et le mariage?
**3.** une marraine et une demoiselle d'honneur?

**F.** Complétez la lettre suivante par les mots appropriés.

Chère Wendy,
Quelques mois avant notre _____ , Paul et moi avons envoyé des _____ à toute la famille pour leur annoncer notre décision de nous _____ . Comme beaucoup de futurs _____ en France, nous avons eu deux cérémonies, la première à la mairie de notre village et la seconde à l'église. Bien entendu, toute la _____ s'est ensuite retrouvée dans un grand restaurant pour le _____ . Quelle fête! Le lendemain, Paul et moi sommes partis en _____ sur la Côte d'Azur. Plusieurs mois ont passé et j'ai la joie de t'annoncer que je suis _____ de deux mois. Paul et moi sommes si heureux! Nous espérons que tu pourras venir au _____ !
A bientôt,
Je t'embrasse,

*Michelle*

**G.** Après avoir lu les définitions données, remettez les mots suivants dans l'ordre. Trouvez la définition qui correspond à chaque mot de la liste ci-dessous.

l'ainé(e) le banquet

le veuf l'orphelin(e)

le cimetière

EXEMPLE:   C'est un homme marié dont la femme est morte:   **le veuf**

**1.** C'est un enfant dont les parents sont décédés.
**2.** C'est le premier enfant d'une famille.
**3.** C'est là que l'on enterre les morts.
**4.** C'est un grand repas organisé pour fêter un événement important.

**H.**    Définissez les mots et expressions qui suivent.

1. le coup de foudre
2. les biens
3. le voyage de noces
4. la baby-sitter

**I.**    *Devinettes*. Devinez le mot ou l'expression évoqué par les définitions suivantes.

1. C'est l'ensemble des biens que reçoivent les descendants d'un(e) défunt(e).
2. C'est vivre ensemble sans être mariés.
3. C'est ce que l'on exprime à la famille d'une personne qui vient de mourir.
4. Si deux personnes ne sont pas divorcées mais ne vivent plus ensemble, elles sont _____ .
5. Une femme dont le mari est mort est _____ .
6. Si c'est l'oncle du côté de ma mère, on dit que c'est mon oncle _____ .

**J.**    Complétez par un mot ou une expression approprié:

1. J'attends un enfant, donc je suis _____ .
2. Mon ami et moi allons bientôt nous marier; pour le moment nous sommes seulement _____ .
3. Trois jours après sa mort mon oncle a été enterré dans un _____ de sa ville natale.
4. De nos jours, certains jeunes préfèrent vivre en _____ _____ plutôt que de se marier.
5. Quand un parent proche vient de mourir, les Français s'habillent en noir pour indiquer qu'ils sont _____ _____ .
6. Quand un enfant n'a ni frères ni sœurs, on dit qu'il est _____ _____ .

# ACTIVITE 1

## L'arbre généalogique

### QUESTIONS AVANT LA LECTURE

1. Avez-vous déjà fait l'arbre généalogique de votre famille? Si oui, dites pourquoi. Sinon, dites pourquoi cela ne vous intéresse pas.
2. Quelle importance la famille a-t-elle pour vous?

### STRATEGIE DE LECTURE

Etudiez l'arbre généalogique ci-dessous, puis répondez aux questions qui suivent.

### REPONDONS!

1. Combien d'enfants Marie Rosier a-t-elle?
2. Qui est Lulu par rapport à Louis?
3. Qui est Sylvie par rapport à Murielle?
4. Raymond est-il le frère de Guy?
5. Qui est Adrien par rapport à Albert?
6. Quel lien de parenté existe-t-il entre Gigi et Lulu? Entre Michel et Raymond?
7. Qui a donné naissance à une famille nombreuse?
8. Qui est Murielle par rapport à Adrien?

# Vouloir un enfant à 17 ans

ACTIVITE 2

### QUESTIONS AVANT LA LECTURE

1. Aimeriez-vous avoir un enfant maintenant? Justifiez votre réponse.
2. Comment imaginez-vous la vie d'un adolescent ou d'une adolescente qui a un enfant et qui continue à aller au lycée?

### STRATEGIE DE LECTURE

1. Lisez l'article qui suit une fois, sans vous arrêter sur les mots que vous ne comprenez pas.
2. Certains mots ou certaines expressions peuvent souvent se deviner grâce au contexte dans lequel ils sont employés. Ainsi que signifient, à votre avis, les expressions suivantes?

   **je la croque à pleines dents:**    a. j'aime manger
                                         b. j'en parle beaucoup
                                         c. je la vis pleinement

**je craque:**   a.  je tombe malade
          b.  je ne peux pas résister
          c.  je pleure

**3.**  Lisez l'article une seconde fois, puis répondez aux questions qui suivent.

*Correct answers: c, b*

# Lycéenne, j'ai envie d'un bébé

Je suis une adolescente de dix-sept ans. Je vis chez mes parents, j'ai des camarades, de très bons amis, beaucoup de loisirs et je sors depuis deux ans avec un garçon que j'aime et qui m'aime. Nous nous entendons très bien. Bref, j'aime la vie et je la croque à pleines dents.

## ❝❝ Dans mes rêves, il n'y a plus que cet enfant ❞❞

Visiblement, j'ai donc tout pour être heureuse et vous vous demandez sans doute quel est mon problème. Eh bien, malgré tout ce que je possède, au fond de moi, il me manque quelque chose. Ou plutôt quelqu'un.
Ce quelqu'un, c'est un enfant! Eh oui, mon désir le plus cher au monde est d'avoir un bébé! Dès que j'en aperçois un, il faut que je le prenne dans mes bras, que je l'embrasse, que je joue avec lui. Bref, je craque! Pour le moment, je sais très bien que je ne peux pas être enceinte puisque, avec l'accord de mes parents, je prends la pilule. Je sais que c'est impossible, et pourtant, chaque mois, je ne peux m'empêcher de penser, d'espérer jusqu'au dernier moment que c'est arrivé, que je suis enceinte. C'est plus fort que moi. Cela devient une véritable obsession. Dans mes rêves, il n'y a plus que cet enfant qui apparaît. C'est tantôt un garçon, tantôt une fille, peu importe. Je me sens alors tellement heureuse!
Je ne sais plus quoi faire. Aidez-moi! Dois-je arrêter la pilule sans en parler à mes parents et à mon copain et être enfin enceinte? Je sais que mes parents s'y opposeront, car mon ami et moi sommes encore au lycée et ils ne trouveraient pas raisonnable que j'aie un enfant. Dois-je attendre et prendre patience? Vous les femmes, les jeunes filles qui avez vécu cette expérience, aidez-moi, conseillez-moi! Avoir un enfant à mon âge, est-ce un handicap au niveau scolaire? Une grossesse est-elle difficile à concilier avec des études? Les lycées acceptent-ils des élèves enceintes? L'enfant pourra-t-il être heureux si ses parents, pour des raisons scolaires, ne peuvent pas l'élever ensemble tout de suite? Tant de questions s'entremêlent dans ma tête... Conseillez-moi. Merci d'avance.

*Valerie*
*Réf. 258-02*

*Femme Actuelle*, 25 Septembre 1989

---

**REPONDONS!**

1.  Qui est Caroline?
2.  Pourquoi écrit-elle à ce journal? Quel problème a-t-elle?
3.  Peut-elle avoir des enfants maintenant? Pour quelle raison?
4.  Que penseraient ses parents si elle tombait enceinte maintenant?
5.  Pensez-vous qu'elle devrait arrêter de prendre la pilule sans en parler à personne? Pourquoi ou pourquoi pas?
6.  Que lui conseilleriez-vous de faire si vous pouviez lui écrire?
7.  Quelles conséquences une grossesse pourrait-elle avoir pour Caroline maintenant?
8.  Connaissez-vous des adolescents qui ont un enfant? Quels problèmes ont-ils généralement?

# LECTURE

## Des enfants privés d'enfance

### QUESTION AVANT LA LECTURE

Quand vous pensez à votre enfance, avez-vous de bons ou de mauvais souvenirs? Expliquez.

### STRATEGIE DE LECTURE

1. Lisez le texte une fois. De quoi parle-t-il?
2. Relisez le texte une seconde fois. Il est possible que vous n'en connaissiez pas tous les mots, mais vous pouvez vous aider du contexte pour les comprendre. Par exemple, dans la phrase ⟨⟨Les parents modernes sont quelque peu **désemparés**⟩⟩, que signife à votre avis, l'adjectif **désemparés**?
   - a. déterminés
   - b. étonnés
   - c. déconcertés

Dans la phrase «Autrefois, on laissait les enfants **à l'écart** des problèmes des adultes», comprenez-vous le sens de l'expression **à l'écart**? Que signifie-t-elle?

    **a.** au milieu de

    **b.** en dehors de

    **c.** face à

Attention au mot **éduquer**, qui signifie à la fois former l'esprit et enseigner les bonnes manières. Ainsi, **être bien ou mal éduqué** signifie avoir de bonnes ou de mauvaises manières, alors que le mot *educated* fait seulement référence à la formation intellectuelle. *He is well educated* se traduirait par **il est très cultivé** et *he has bad manners* par **il est mal éduqué** ou **il est mal élevé**.

*Correct answers: c, b*

---

## INTRODUCTION

Disciple de Sigmund Freud, le docteur Bettelheim, récemment décédé, était un psychanalyste mondialement connu qui se spécialisait dans les problèmes des enfants. Dans l'interview qui suit, il confie à une journaliste du magazine *Le Point* ses inquiétudes sur la vie familiale moderne.

# Des enfants privés d'enfance

LE POINT:   Docteur Bettelheim, vous semblez croire que les parents modernes sont quelque peu désemparés **quant à** la façon d'éduquer leurs enfants . . .    *when it comes to*

BRUNO BETTELHEIM:   Je crois en effet que la famille actuelle est plongée dans l'insécurité. Les changements ont été si nombreux et si **imprévus!** Prenez, par exemple, le travail de la mère à l'extérieur. On ne sait pas vraiment quoi faire avec l'enfant . . .    *unexpected*

LE POINT:   C'est donc plus difficile d'être un enfant de nos jours?

BETTELHEIM:   Oh oui! Aux Etats-Unis, ce thème de la disparition de l'enfance, des enfants sans enfance, est abordé dans des **ouvrages** récents, et cela se comprend. D'abord, les parents divorcés désirent que leurs enfants comprennent leur geste, donc leur expliquent la situation.    *works*

LE POINT:   Autrefois, on laissait les enfants à l'écart des problèmes des adultes . . .

BETTELHEIM:   Exactement. Puis, à travers la télévision, l'enfant connaît tous les drames de l'univers avant même d'avoir la permission de traverser la rue . . .

LE POINT:   Diriez-vous que l'enfant moderne est plus triste?

BETTELHEIM:   Il y a toujours eu des enfants malheureux, mais je crois que dans le passé l'enfance était moins problèmatique. On attendait en effet des enfants qu'ils **se comportent** en enfants, qu'ils ne soient pas autonomes. Ils n'étaient pas laissés à eux-mêmes comme aujourd'hui, alors que, **sous le couvert de** la permissivité, les adultes justifient leur manque de responsabilité. Les parents doivent être responsables de leurs enfants. Auparavant, la plupart des parents vieillissaient avec leurs enfants. Les femmes étaient mères beaucoup plus jeunes. Elles s'amusaient avec leur bébé. Les mères d'aujourd'hui qui **accouchent** pour la première fois à l'âge de trente-cinq ans sont moins flexibles. Elles **exigent** de leur jeune enfant qu'il se comporte avec plus de maturité qu'il n'en est en fait capable. C'est dur, c'est très dur pour lui.    *behave*    *under the guise of*    *ont un bébé*    *demand*

LE POINT:   Qu'est-ce que la technologie moderne enlève de plus précieux à l'enfant?

BETTELHEIM: Le contact personnel avec l'adulte. C'est pourquoi j'ai tant insisté sur l'importance de raconter des histoires à l'enfant. Jamais la télévision ne remplacera la maman ou le grand-papa qui raconte durant des heures des histoires au petit assis sur ses genoux. Il faut neuf mois pour faire l'enfant. Or, une fois qu'il est né, on voudrait qu'il vive sa **croissance** à un rythme accéléré. C'est impossible. Il faut prendre le temps d'écouter l'enfant et de lui parler. Les mots peuvent blesser, mais aussi **guérir**. On ne peut pas aimer, et surtout se sentir aimé, si l'on tient un **compte à rebours**.

*growth*

*heal*

*countdown*

Extrait et adapté d'un article du *Point*

---

### REPONDONS!

1. Quelle est la spécialité du docteur Bettelheim?
2. Pourquoi les parents modernes se sentent-ils si désemparés?
3. En quoi la vie moderne a-t-elle transformé la vie familiale?
4. Pour quelle raison parle-t-on de ⟨⟨disparition de l'enfance⟩⟩?
5. Selon Bruno Bettelheim, qu'est-ce qui cause la tristesse des enfants d'aujourd'hui?
6. Dans quelle mesure la vie familiale d'autrefois était-elle différente de la vie familiale moderne?
7. Quels conseils le docteur Bettelheim donne-t-il aux parents modernes?
8. Que pensez-vous de ce texte? Partagez-vous les inquiétudes de ce psychanalyste? Expliquez.

**Une jeune fille décroche le téléphone:**

Allô . . . non, monsieur, Françoise n'est pas là. Mais je suis sa sœur Isabelle, dix-huit ans, blonde, jolie, 51 kilos pour 1,62 m, bonne cuisinière, sportive, libre de sortir chaque soir jusqu'à 23 heures . . .

---

## DISCUTONS UN PEU!

1. Quand vous pensez au mot *famille*, quelles idées vous viennent à l'esprit?
2. Décrivez votre famille. Etes-vous issu(e) d'une famille nombreuse? Etes-vous fils (fille) unique? Etes-vous l'aîné(e)?
3. A votre avis, quel rôle les grands-parents devraient-ils jouer dans la famille?
4. Avez-vous l'intention de vous marier? Pourquoi ou pourquoi pas?
5. Qu'est-ce qui vous plaît le plus dans le mariage? Qu'est-ce qui vous déplaît le plus?
6. Quels sont les avantages et les inconvénients du divorce pour la femme, le mari et les enfants?
7. Pourquoi dit-on souvent de nos jours que la famille est menacée?
8. Selon vous, est-il plus difficile d'être parents de nos jours? Expliquez.
9. En quoi la définition du mot *famille* a-t-elle changé ces quelques dernières années? Expliquez.
10. Eduquerez-vous vos enfants comme vos parents vous ont éduqué(e)? Si oui, pourquoi? Sinon, expliquez ce qui sera différent.

**Il y a une grande différence entre un célibataire et un père de famille nombreuse.**

Celui-ci range dans son portefeuille les photos de ses enfants à l'endroit où il y avait de l'argent tant qu'il était célibataire.

## METTONS-NOUS EN SITUATION!

### A. MISE EN SCENE

Les activités suivantes sont de petites scènes à jouer oralement en classe pendant cinq minutes.

1. Un(e) camarade de classe et vous jouez le rôle des parents d'un(e) adolescent(e) — un(e) autre étudiant(e) — qui décide d'annoncer à sa famille son intention de quitter le foyer familial pour aller vivre en union libre avec son (sa) petit(e) ami(e). Imaginez la réaction (positive ou négative) des parents et le dialogue qui s'ensuit.

2. Un couple sans enfants se dispute une fois de plus. Elle veut divorcer, il propose une séparation temporaire. Jouez ces deux rôles.

3. Un(e) camarade de classe et vous jouez le rôle de deux frères et sœurs qui reprochent à leurs parents (deux autres camarades de classe) de ne pas assez s'occuper d'eux. Parents et enfants s'expliquent.

4. Jouez le rôle d'une mère qui demande à sa fille (une autre camarade de classe) de rester à la maison pour garder le dernier-né de la famille plutôt que d'aller au cinéma avec des amis.

### B. ENQUETE

Avec deux ou trois camarades, jouez le rôle de journalistes et interviewez amis et connaissances sur le sujet suivant:

**Etes-vous pour ou contre l'union libre (vivre ensemble sans être mariés)?**

Notez les réponses des personnes interrogées, ainsi que leurs raisons, et présentez les résultats de votre enquête au reste de la classe qui commentera.

### C. PRESENTATION ORALE

Avec un(e) camarade de classe, préparez sur une grande feuille cartonnée l'arbre généalogique détaillé de la famille X (famille inventée ou très connue). Une fois terminé, présentez-le au reste de la classe en insistant sur les événements heureux et malheureux survenus dans la vie d'un(e) des membres de cette famille.

### D. PROJET

Allez à la bibliothèque et recherchez dans la section anthropologie des documents sur les rites matrimoniaux de ces différents pays du monde: France, Côte d'Ivoire, Madagascar, Maroc et Sénégal. Ordonnez vos recherches et présentez-les en 15 minutes au reste de la classe.

### E. AMALGAME

La classe se divise en trois groupes chargés de trouver un article de magazine français ayant trait à l'union libre ou au divorce. Avant de venir en classe, les étudiants de chaque groupe devront:

- discuter de cet article avec les membres de leur groupe.
- être capables de le résumer ou de le commenter oralement.

En classe, les étudiants devront:

- présenter l'article choisi par leur groupe.
- répondre aux questions des autres groupes sur leur article.
- commenter les articles choisis par les autres groupes.

Vous pouvez trouver de tels articles dans les magazines français suivants: *Le Point*, le *Nouvel Observateur* et le *Figaro-Magazine*.

*Writing Tips:* WRITING A PAPER

☐ Be clear. Clarity of expression can only be obtained with a lot of concentration.
☐ Devote special attention to the neatness of your paper. If you are not required to type it, write clearly, leave a margin, and double-space to leave room for correction.

*A.* Ecrivez un faire-part annonçant votre mariage. Mentionnez votre nom, celui de votre futur(e) époux(-se), l'endroit où aura lieu la cérémonie, l'heure et l'adresse. Aidez-vous du modèle de faire-part suivant.

---

## Mariages

**M. Albert SALAÜN**
**et Mme,** née
Gilberte Le Rubens

**M. Jean P. LE COZ**
**et Mme,** née
Simone Breton

sont heureux de faire part du
mariage de leurs enfants

**Marc et Isabelle**

qui aura lieu le samedi
24 août 1986
à onze heures
en l'église St. Pierre de Chaumes

CHAUMES - EN - BRIE

---

*B.* En 60 mots, finissez le dialogue suivant à votre manière.

ELISABETH:  Alors, Claire, c'est vrai que tu vas te marier?
CLAIRE:  Oui, c'est vrai! Il y a à peu près six mois, j'ai rencontré un homme formidable. Il s'appelle Benoît. Quand je l'ai vu, ça a été le vrai coup de foudre. Depuis, nous sommes inséparables.
ELISABETH:  Quand allez-vous vous marier? Raconte-moi tout!
CLAIRE:  . . .

*C.* Racontez en 80 mots un mariage auquel vous avez assisté. Parlez des jeunes mariés, de la cérémonie, du banquet, des membres de la famille, etc.

*D.* En 100 mots, expliquez ce que vous pensez de l'importance de la famille dans notre société.

*E.* En 150 mots, faites un portrait de votre famille en mentionnant les événements heureux ou malheureux qui vous ont beaucoup marqué(e).

*F.* En 200 mots, racontez pourquoi vous aimeriez (ou n'aimeriez pas) vous marier et expliquez votre point de vue sur le divorce.

# La vie à deux

CHAPITRE

**2**

# A SAVOIR

le physique = l'apparence (*f.*)
le (la) coureur(-euse) = le (la) dragueur(-euse) =
  le (la) cavaleur (-euse)   *womanizer (manhunter)*
le sentiment
le plaisir
l'amour (*m.*)

**LA DRAGUE**

**LA VIE A DEUX**

le (la) conjoint(e)   *spouse*
le copain (la copine)
le (la) petit(e) ami(e)
le (la) partenaire
le concubinage = l'union (*f.*) libre
le tabou
les rapports sexuels = les relations sexuelles
le baiser   *kiss*
la personnalité
l'intimité (*f.*)
la sexualité

**QUELQUES QUALITES**

la fidélité   *faithfulness*
la sensibilité   *sensitivity*
la gentillesse   *kindness*
l'intelligence (*f.*)
la beauté
la féminité
la virilité
la disponibilité   *availability*

**QUELQUES DEFAUTS**

l'avarice (*f.*)   *miserliness*
la paresse   *laziness*
la méchanceté   *wickedness*
la bêtise   *stupidity, mistake*
la laideur   *ugliness*
la violence
la timidité
l'infidélité (*f.*)

timide
sensible ≠ insensible
bête
féminin
gentil (le) ≠ méchant
amoureux (-euse)
impulsif (-ive)
tendre
fidèle ≠ infidèle
sentimental
paresseux (-euse)
drôle = comique
viril ≠ efféminé
avare ≠ généreux (-euse)
intransigeant   *uncompromising*

sortir (avec)   *to date*
influencer
embrasser
séduire
draguer
tomber amoureux (de)

aimer ≠ ne pas pouvoir sentir (*fam.*)
laisser tomber quelqu'un   *to jilt*
  *someone*
broyer du noir   *to have the blues*
vivre d'amour et d'eau fraîche
poser un lapin à quelqu'un   *to*
  *stand up*
faire l'amour
avoir des rapports sexuels (avec)
être attiré par
faire la cour (à)

# PRATIQUONS!

**A.** Donnez un synonyme pour chaque mot ou expression ci-dessous et employez-le dans une phrase.

  **1.** le physique         **3.** l'union libre        **5.** le cavaleur
  **2.** les relations sexuelles   **4.** comique

**B.** Quel est le contraire des mots suivants? Employez chacun d'eux dans une phrase.

  **1.** la fidélité   **3.** sensible   **5.** généreux
  **2.** gentil        **4.** viril      **6.** la beauté

**C.** A quoi vous font penser les mots et expressions qui suivent?

  **1.** le tabou   **3.** l'intimité   **5.** broyer du noir
  **2.** la drague  **4.** vivre d'amour et d'eau fraîche

**D.** Quelle différence voyez-vous entre:

  **1.** un(e) conjoint(e) et un(e) petit(e) ami(e)?
  **2.** l'amour et le plaisir?
  **3.** le mariage et le concubinage?

**E.** Quel lien voyez-vous entre:

  **1.** la gentillesse et la fidélité?
  **2.** la méchanceté et l'avarice?
  **3.** Casanova et Don Juan?

**F.** Définissez les mots suivants.

  **1.** le tabou     **3.** le concubinage   **5.** la paresse
  **2.** le conjoint  **4.** la féminité      **6.** la générosité

**G.** Complétez les phrases suivantes de façon logique.

**1.** Quand on vit avec une personne sans être marié, on dit qu'on vit en _____ _____ .
**2.** Un cavaleur est un homme qui aime _____ .
**3.** Quand on est triste et déprimé, on dit qu'on _____ _____ _____ .
**4.** Une personne qui n'aime pas les compromis est _____ .
**5.** Quand on tombe amoureux d'une personne, on est parfois attiré par son _____ , parfois par sa _____ .
**6.** Quand on aime quelqu'un, on est _____ .
**7.** Une personne qui a plusieurs partenaires à la fois est _____ .
**8.** Quand on donne un baiser à quelqu'un, on dit aussi qu'on l' _____ .

**H.** Donnez les adjectifs qui correspondent aux noms suivants.

**1.** le sentiment
**2.** la femme
**3.** la bêtise
**4.** l'avarice
**5.** la méchanceté
**6.** la paresse

**I.** Complétez le texte qui suit en utilisant les mots ci-après.

| | | | |
|---|---|---|---|
| sentimentale | tabou | concubinage | rapports sexuels |
| embrasser | sexualité | union libre | sortir |
| drague | plaisir | séduire | |

A notre époque, il n'est pas rare que des personnes décident de vivre ensemble en _____ alors qu'autrefois cela faisait scandale et que la seule expression d'_____ _____ était _____ . De même, des sujets comme l'amour physique, le _____ et la _____ se discutent maintenant plus ouvertement et font même parfois l'objet de cours à l'université. L'un des aspects les plus intéressants de la vie _____ est probablement ce que les jeunes appellent la _____ . Ce rite, qui est aussi un jeu, consiste à _____ une personne du sexe opposé, à _____ avec elle, à l' _____ et quelquefois à avoir des_____ _____ avec elle.

**J.** Que signifient les expressions suivantes? Choisissez la phrase qui veut dire la même chose.

**1.** Elle m'a laissé tomber.

   a. Elle m'a fait tomber.
   b. Elle m'a quitté.
   c. Elle m'a vu tomber.

**2.** Il m'a posé un lapin.

   a. Il m'a acheté un lapin.
   b. Il n'est pas venu à notre rendez-vous.
   c. Il a refusé de venir me voir.

**3.** Elle broie du noir.

   a. Elle est malade.
   b. Elle est déprimée.
   c. Elle est paresseuse.

**4.** Je ne peux pas la sentir.

   a. Je ne l'aime pas.
   b. Je n'aime pas son parfum.
   c. Je ne sens rien.

*Correct answers: b, b, b, a*

**K.** *Devinettes.* **Devinez les mots évoqués par les phrases suivantes.**

**1.** C'est une personne qui recherche les aventures amoureuses.
**2.** C'est l'état dans lequel on se trouve quand on éprouve de l'amour pour quelqu'un.
**3.** C'est l'attachement excessif aux richesses et le désir de les accumuler.
**4.** C'est l'aspect extérieur, général d'une personne.
**5.** C'est un adjectif qui s'utilise pour décrire un homme qui a l'aspect ou les manières d'une femme.

# ACTIVITE 1

## Les Français et la fidélité

**QUESTIONS AVANT LA LECTURE**

1. Etes-vous fidèle en amour? Pourquoi ou pourquoi pas?
2. Quelle importance la fidélité a-t-elle de nos jours? Expliquez.

**STRATEGIE DE LECTURE**

1. Lisez une fois chacun des tableaux qui suivent.
2. Etudiez la signification des abréviations suivantes.

**N.S.P.P.:** ne se prononce pas (n'a pas d'opinion)
**M.S.T.:** maladies sexuellement transmissibles (syphilis, sida, etc.)

## ETES-VOUS FIDÈLES ?

**Aujourd'hui, diriez-vous que vous êtes fidèle à votre compagne (ou compagnon) ?**

|  | % |
|---|---|
| — **Oui** | **88** |
| — Non | 3 |
| • Ne se prononce pas | 9 |

| SONT FIDÈLES AUJOUR-D'HUI. | SEXE | | AGE | | | | |
|---|---|---|---|---|---|---|---|
|  | HOMME | FEMME | 18 24 | 25 34 | 35 49 | 50 64 | 65 et + |
| Oui | 87 | 89 | 87 | 95 | 92 | 88 | 78 |
| Non | 5 | 1 | 6 | 3 | 4 | 2 | 0 |
| NSPP | 8 | 10 | 7 | 2 | 4 | 10 | 22 |
| Ensemble | 100 | 100 | 100 | 100 | 100 | 100 | 100 |

# FORCÉMENT MODERNE ?

*Pour vous personnellement, la fidélité en amour est...*

%

— Quelque chose de démodé ............................ 7
— **Quelque chose d'actuel** ...................... **47**
— **Quelque chose à redécouvrir** ................ **40**
  ● Ne se prononce pas ................................ 6

| LA FIDÉLITÉ C'EST... | SEXE | | AGE | | | | |
|---|---|---|---|---|---|---|---|
| | HOMME | FEMME | 18 24 | 25 34 | 35 49 | 50 64 | 65 et + |
| Démodé | 8 | 6 | 5 | 5 | 8 | 7 | 12 |
| Actuel | 46 | 49 | 39 | 51 | 49 | 50 | 44 |
| A redécouvrir | 40 | 40 | 55 | 42 | 38 | 34 | 37 |
| NSPP | 6 | 5 | 1 | 2 | 5 | 9 | 7 |
| Ensemble | 100 | 100 | 100 | 100 | 100 | 100 | 100 |

# LA FIDÉLITÉ, C'EST QUOI ?

*Pour vous personnellement, la fidélité du couple, c'est d'abord...*

%

— La fidélité du cœur ................................ 18
— La fidélité du corps ................................ 1
— **Les deux à la fois** ........................ **79**
  ● Ne se prononce pas ................................ 2

| LA FIDÉLITÉ DU COUPLE C'EST... | SEXE | | AGE | | | | |
|---|---|---|---|---|---|---|---|
| | HOMME | FEMME | 18 24 | 25 34 | 35 49 | 50 64 | 65 et + |
| Le cœur | 20 | 15 | 20 | 20 | 14 | 14 | 22 |
| Le corps | 2 | 0 | 2 | 0 | 1 | 0 | 1 |
| Les deux | 75 | 83 | 78 | 78 | 83 | 83 | 74 |
| NSPP | 3 | 2 | 0 | 2 | 2 | 3 | 3 |
| Ensemble | 100 | 100 | 100 | 100 | 100 | 100 | 100 |

SONDAGE LOUIS HARRIS santé magazine

# QUELLE INFLUENCE SUR LES SENTIMENTS ?

*Diriez-vous que la fidélité du couple renforce le sentiment amoureux, qu'elle le banalise ou bien qu'elle est sans influence sur le sentiment amoureux?*

%

— **Renforce** .................................... **69**
— Banalise ............................................ 8
— Sans influence .................................... 13
  ● Ne se prononce pas ................................ 10

| INFLUENCE DE LA FIDÉLITÉ SUR L'AMOUR | SEXE | | AGE | | | | |
|---|---|---|---|---|---|---|---|
| | HOMME | FEMME | 18 24 | 25 34 | 35 49 | 50 64 | 65 et + |
| Renforce | 64 | 73 | 76 | 73 | 65 | 69 | 64 |
| Banalise | 12 | 5 | 10 | 6 | 9 | 10 | 5 |
| Sans influence | 14 | 12 | 12 | 17 | 17 | 9 | 10 |
| NSPP | 10 | 10 | 2 | 4 | 9 | 12 | 21 |
| Ensemble | 100 | 100 | 100 | 100 | 100 | 100 | 100 |

# AVANTAGES DU COUPLE

**Et diriez-vous que vous êtes plutôt d'accord ou plutôt pas d'accord avec chacune des affirmations suivantes ?**

| | PLUTÔT D'ACCORD | PLUTÔT PAS D'ACCORD | NE SE PRONONCE PAS | TOTAL |
|---|---|---|---|---|
| – La fidélité est importante pour se sentir en sécurité. | 81 | 15 | 4 | 100 |
| – La fidélité est importante pour faire des projets communs. | 92 | 5 | 3 | 100 |
| – La fidélité est importante pour bâtir une famille. | 95 | 3 | 2 | 100 |
| – La fidélité est importante pour réussir sa vie de couple. | 91 | 6 | 3 | 100 |

| LA FIDÉLITÉ IMPORTANTE POUR SE SENTIR EN SÉCURITÉ | SEXE | | AGE | | | | |
|---|---|---|---|---|---|---|---|
| | HOMME | FEMME | 18 24 | 25 34 | 35 49 | 50 64 | 65 et + |
| D'accord | 76 | 86 | 76 | 77 | 81 | 83 | 89 |
| Pas d'accord | 20 | 10 | 23 | 22 | 15 | 11 | 5 |
| NSPP | 4 | 4 | 1 | 1 | 4 | 6 | 6 |
| Ensemble | 100 | 100 | 100 | 100 | 100 | 100 | 100 |

| LA FIDÉLITÉ IMPORTANTE POUR PROJETS. | SEXE | | AGE | | | | |
|---|---|---|---|---|---|---|---|
| | HOMME | FEMME | 18 24 | 25 34 | 35 49 | 50 64 | 65 et + |
| D'accord | 91 | 93 | 88 | 93 | 93 | 91 | 94 |
| Pas d'accord | 6 | 4 | 12 | 6 | 5 | 3 | 0 |
| NSPP | 3 | 3 | 0 | 1 | 2 | 6 | 6 |
| Ensemble | 100 | 100 | 100 | 100 | 100 | 100 | 100 |

| LA FIDÉLITÉ IMPORTANTE POUR FAMILLE. | SEXE | | AGE | | | | |
|---|---|---|---|---|---|---|---|
| | HOMME | FEMME | 18 24 | 25 34 | 35 49 | 50 64 | 65 et + |
| D'accord | 94 | 96 | 92 | 95 | 96 | 95 | 95 |
| Pas d'accord | 3 | 2 | 7 | 4 | 2 | 0 | 0 |
| NSPP | 3 | 2 | 1 | 1 | 2 | 5 | 5 |
| Ensemble | 100 | 100 | 100 | 100 | 100 | 100 | 100 |

| LA FIDÉLITÉ IMPORTANTE POUR VIE COUPLE | SEXE | | AGE | | | | |
|---|---|---|---|---|---|---|---|
| | HOMME | FEMME | 18 24 | 25 34 | 35 49 | 50 64 | 65 et + |
| D'accord | 88 | 94 | 86 | 91 | 91 | 92 | 92 |
| Pas d'accord | 9 | 3 | 13 | 6 | 6 | 3 | 0 |
| NSPP | 3 | 3 | 1 | 0 | 3 | 5 | 8 |
| Ensemble | 100 | 100 | 100 | 100 | 100 | 100 | 100 |

# AVANTAGES PERSONNELS

**Pouvez-vous dire si vous êtes plutôt d'accord ou plutôt pas d'accord avec chacune des opinions suivantes ?**

| | PLUTÔT D'ACCORD | PLUTÔT PAS D'ACCORD | NE SE PRONONCE PAS | TOTAL |
|---|---|---|---|---|
| – La fidélité au sein du couple permet de se sentir bien dans sa peau. | 88 | 8 | 4 | 100 |
| – La fidélité au sein du couple permet de combattre le stress de la vie quotidienne. | 78 | 16 | 6 | 100 |
| – La fidélité au sein du couple permet d'éviter les maladies sexuelles. | 85 | 10 | 5 | 100 |

| LA FIDÉLITÉ PERMET D'ÉVITER LES M.S.T. | SEXE | | AGE | | | | |
|---|---|---|---|---|---|---|---|
| | HOMME | FEMME | 18 24 | 25 34 | 35 49 | 50 64 | 65 et + |
| D'accord | 85 | 85 | 81 | 85 | 86 | 87 | 84 |
| Pas d'accord | 12 | 8 | 18 | 15 | 10 | 5 | 3 |
| NSPP | 3 | 7 | 1 | 0 | 4 | 8 | 13 |
| Ensemble | 100 | 100 | 100 | 100 | 100 | 100 | 100 |

| LA FIDÉLITÉ PERMET DE SE SENTIR BIEN | SEXE | | AGE | | | | |
|---|---|---|---|---|---|---|---|
| | HOMME | FEMME | 18 24 | 25 34 | 35 49 | 50 64 | 65 et + |
| D'accord | 85 | 91 | 87 | 88 | 87 | 87 | 93 |
| Pas d'accord | 11 | 6 | 12 | 11 | 9 | 7 | 3 |
| NSPP | 4 | 3 | 1 | 1 | 4 | 6 | 4 |
| Ensemble | 100 | 100 | 100 | 100 | 100 | 100 | 100 |

| LA FIDÉLITÉ COMBAT LE STRESS | SEXE | | AGE | | | | |
|---|---|---|---|---|---|---|---|
| | HOMME | FEMME | 18 24 | 25 34 | 35 49 | 50 64 | 65 et + |
| D'accord | 77 | 80 | 73 | 73 | 82 | 79 | 83 |
| Pas d'accord | 17 | 14 | 24 | 24 | 13 | 11 | 7 |
| NSPP | 6 | 6 | 3 | 3 | 5 | 10 | 10 |
| Ensemble | 100 | 100 | 100 | 100 | 100 | 100 | 100 |

---

**REPONDONS!**

---

1. Pourquoi peut-on dire que la plupart des Français sont fidèles de nos jours?
2. Quel âge ont ceux qui sont les plus fidèles?
3. Pour quelle raison peut-on dire que la fidélité est à la mode?
4. Etre fidèle, pour les Français interrogés, qu'est-ce que c'est?
5. Dans quelle mesure peut-on affirmer que la fidélité a une action positive sur l'amour?
6. Selon ce sondage, quels avantages chacun des deux partenaires a-t-il à être fidèle?
7. Quels avantages personnels peut-on tirer de la fidélité?
8. Que pensez-vous des résultats de ce sondage? Vous surprennent-ils? Pourquoi ou pourquoi pas?

## ACTIVITE 2

# En attendant l'autre

---

**QUESTIONS AVANT LA LECTURE**

---

1. Vous arrive-t-il de souffrir de la solitude? Que faites-vous dans ce cas-là?
2. Vous serait-il possible de vivre sans aimer ou sans être aimé(e)?

1.  Lisez la lettre qui suit une fois, sans vous arrêter sur les mots que vous ne comprenez pas.
2.  Relisez-la une seconde fois en vous aidant des explications suivantes:

**le B.E.P.C.:**  diplôme que l'on obtient à l'école vers l'âge de 15 ans
**se lancer à l'assaut de:**  attaquer (ici: découvrir)
**les vendanges:**  la récolte du raisin
**la restauration:**  les restaurants
**l'angoisse:**  l'anxiété
**se cantonner:**  se limiter
**aborder quelqu'un:**  s'approcher de quelqu'un et lui parler
**s'étreindre:**  se serrer (ici: souffrir)
**immanquablement:**  toujours

*PARLEZ-MOI D'AMOUR*

J'ai 24 ans, orphelin à 6 ans, j'ai passé neuf ans en orphelinat. J'y ai été l'un des rares chanceux à en sortir avec le BEPC. Ensuite, dès l'âge de 15 ans, j'ai commencé à travailler. M'adaptant très mal dans le monde dans lequel je vis, j'ai cherché le bonheur comme un désespéré. Il y a deux ans, j'ai quitté un emploi dans une banque pour me lancer avec un ami à l'assaut du monde. Vendanges, hiver à la montagne dans la restauration, été au bord de la mer, en Normandie dans un bar... Et puis, en septembre dernier, l'angoisse m'a saisi. L'angoisse du vide, du vide de ma vie. Peur des gens si gentils avec vous et prêts à vous oublier du jour au lendemain. Sensation de profonde solitude où l'on est seul à se battre, où l'on ne compte pour personne. Même les filles que l'on aime vous oublient. Et pourtant moi, je n'oublie personne. J'ai l'impression de vivre à sens unique. Bref, je me suis installé à Paris à partir de septembre, décidé à donner un sens à ma vie. J'ai trouvé un travail de nuit. Vendeur au drugstore de 13 h 30 à 2 heures du matin. Je me suis inscrit à des cours, décidé à passer le baccalauréat. Je me sens toujours aussi seul, pourtant j'ai un tempérament sympathique et le sourire toujours aux lèvres. Je constate que tout le monde se cantonne dans sa vie. On aborde facilement les gens mais cela ne va jamais plus loin. Même les jeunes que l'on dit si ouverts, qui revendiquent tout, qui critiquent l'indifférence de leurs parents, sont en fait très inaccessibles. Ils se cantonnent dans leurs amitiés, leurs bandes, leur milieu. Il n'y a pas de place pour les autres. Et moi, je suis l'éternel « autre ».
En ce moment, le printemps revient, les filles sont plus jolies que jamais, j'ai le cœur qui s'étreint lorsque je les croise dans la rue la nuit, et je me sens encore plus seul. Je ne sors pas, je ne sais où aller sinon au cinéma d'où je sors immanquablement avec l'envie de discuter du film. Mais avec qui? *(J. R., Paris)*.

**REPONDONS!**

1. Pourquoi l'angoisse a-t-elle soudain saisi J.R.?
2. Pour quelle raison considère-t-il sa vie si vide?
3. Que veut-il dire quand il dit qu'il a ⟨⟨l'impression de vivre à sens unique⟩⟩?
4. Qu'a-t-il décidé de faire pour donner un sens à sa vie?
5. A-t-il réussi à combler le vide de sa vie? Pourquoi?
6. Que reproche-t-il aux jeunes de son âge?
7. Pour quelle raison le printemps est-il une saison particulièrement triste pour lui?
8. Si vous pouviez donner des conseils à ce jeune homme, que lui diriez-vous? Vous sentez-vous parfois comme lui? Dites pourquoi ou pourquoi pas.

# Le couple, l'amour et l'argent

**QUESTIONS AVANT LA LECTURE**

1. Quelle importance l'argent a-t-il pour vous dans vos relations amoureuses avec votre partenaire?
2. En général, préférez-vous offrir des cadeaux à votre petit(e) ami(e) ou en recevoir? Pourquoi?

1. Lisez le texte qui suit une fois en entier, sans vous arrêter sur les mots qui vous sont inconnus.
2. Aidez-vous maintenant des explications suivantes pour mieux comprendre le texte.

**forcément:** nécessairement
**homme impuissant:** homme qui ne peut pas accomplir l'acte sexuel
**rimer:** écrire des vers (ici: vouloir dire)
**gêné:** embarrassé
**châtré:** castré
**de drôles de raisonnements:** des raisonnements étranges
**sur un grand pied:** de manière très riche
**la frayeur:** la peur

**INTRODUCTION**

Michèle Manceaux, journaliste au magazine *Marie-Claire*, interroge le docteur Sabourin, psychanalyste et psychothérapeute familial, sur ce qu'il pense des relations que les hommes et les femmes entretiennent avec l'argent dans leur vie amoureuse.

# Le couple, l'amour et l'argent

**MICHELE MANCEAUX:**   Une femme qui gagne plus qu'un homme est-elle forcément dominatrice?
**DR PIERRE SABOURIN:**   Je ne crois pas.
**MANCEAUX:**   Est-ce que cela peut rendre un homme impuissant?
**SABOURIN:**   Cela peut, mais ce n'est pas à généraliser. Si cette femme est assez subtile, elle saura ne pas l'humilier par sa supériorité financière, qui ne rime pas à grand chose sur le plan de la qualité de leur relation. Qu'elle gagne un million de centimes de plus par mois, cela n'a pas grande valeur et ce n'est pas de grand intérêt.
**MANCEAUX:**   Certaines femmes disent qu'un homme généreux leur fait mieux sentir leur féminité. On ne pourrait pas dire de la même manière qu'une femme généreuse fait mieux sentir à un homme sa virilité?
**SABOURIN:**   Non, mais il peut se sentir enfant. Etre aimé à la fois comme un enfant et comme un homme, ce n'est pas désagréable, mais c'est différent.
**MANCEAUX:**   Il y a des femmes qui n'osent pas faire un cadeau à un homme. Est-ce qu'un homme se sent acheté, diminué par un cadeau?
**SABOURIN:**   Un homme qui aurait une difficulté morbide à ce niveau-là, peut-être! Vous avez dit un cadeau. Un gros cadeau ou un petit cadeau?
**MANCEAUX:**   Un gros cadeau, par exemple. Les hommes sont gênés par un gros cadeau.
**SABOURIN:**   Ils ne sont pas habitués, cela fait partie des choses atypiques, anormales, mais je ne vois pas ce qu'il y aurait de pathologique à accepter un gros cadeau d'une femme. Enfin, là, il faudrait quand même parler d'amour! Si les cadeaux pleuvaient et que cela finisse par envahir la vie, le pauvre garçon serait complètement châtré.

MANCEAUX:   Est-ce que les hommes qui donnent beaucoup de cadeaux sont des hommes qui compensent quelque chose?

SABOURIN:   L'amour, ce n'est pas **combler un manque**, ⟨⟨c'est donner ce que l'on n'a pas⟩⟩. Si, au lieu de l'amour, on achète et on donne des cadeaux, ils seront empoisonnés.    *to fill a gap*

MANCEAUX:   Certaines femmes tiennent aussi de drôles de raisonnements. Elles disent: ⟨⟨Un homme prouve sa virilité en payant, il ne faut surtout pas l'**empêcher** de payer.⟩⟩    *prevent*

SABOURIN:   Un homme prouve sa virilité dans les relations avec l'autre sur tous les plans possibles. Si en plus il a du plaisir et les moyens de faire vivre sa femme sur un grand pied, c'est encore mieux pour leurs narcissismes réciproques.

MANCEAUX:   Est-ce que les femmes qui revendiquent leur égalité ont cassé quelque chose d'important en voulant, par exemple, payer leur part au restaurant?

SABOURIN:   Elles ont cassé le rôle traditionnel de l'homme. Elles avaient de bonnes raisons pour faire ça, elles voulaient sortir de l'infantilisme. Ont-elles réussi? Je n'en sais rien, mais on voit maintenant des femmes capables d'assumer cette égalité. Et des hommes qui partagent la note ou même se font inviter par des femmes sans se sentir humiliés.

MANCEAUX:   Les femmes ont-elles gagné quelque chose?

SABOURIN:   Elles ont gagné d'être sorties du **moule** traditionel. Il faut qu'elles assument d'avoir gagné ça. Ce n'est pas facile. Les femmes actuelles sont souvent gênées par les libertés qui ont été acquises en leur nom par les luttes des générations précédentes.    *mold*

MANCEAUX:   On dit que les hommes sont plus avares que les femmes.

SABOURIN:   Effectivement, une des caractéristiques de la femme, c'est la prodigalité, la dépense, l'art de dépenser. Alors que traditionnellement chez les hommes, c'est **l'inverse**.    *le contraire*

MANCEAUX:   Des femmes dépensent pour se mettre en déséquilibre, c'est-à-dire qu'elles dépensent **au-dessus de leurs moyens** comme pour rompre une monotonie. L'argent sert alors à créer une frayeur ou une aventure.    *beyond their means*

SABOURIN:   C'est du même ordre que de jouer au casino. Elles jouent à se mettre en danger. Il y a une excitation par le danger.

MANCEAUX:   Les femmes sont parfois saisies par le désir de dépenser, de courir les magasins.

SABOURIN:   Oui, pour lutter contre la dépression. C'est fréquent. C'est aussi pour se donner une autre image de soi, pour réparer une image de soi **défaillante**. On s'aime un peu mieux si on peut se regarder dans la glace avec plaisir. On se plaît, et si l'on se plaît mieux, cela prouve que quelqu'un d'autre va pouvoir vous aimer.    *mauvaise*

Extrait et adapté d'un article de *Marie-Claire*

---

**Dites si les affirmations suivantes sont vraies ou fausses.**
1. Le docteur Sabourin pense qu'une femme ne devrait pas gagner plus qu'un homme.
2. Il dit que l'argent ne peut pas remplacer l'amour.
3. De nos jours, il est fréquent de voir des femmes inviter des hommes au restaurant et payer la note.
4. En général, les femmes sont moins avares que les hommes.
5. Quand les femmes dépensent de l'argent, c'est quelquefois pour se donner meilleur moral.

```
REPONDONS!
```

1. Dans quelle mesure la supériorité financière d'une femme peut-elle parfois rendre un homme impuissant?
2. Que pensent certaines femmes des hommes généreux?
3. Comment réagissent parfois les hommes dont les partenaires sont très généreuses?
4. Pourquoi certains cadeaux peuvent-ils être 《empoisonnés》?
5. Qu'est-ce qui a changé dans les rôles traditionnels autrefois assumés par les hommes et les femmes?
6. Pour quelle raison certaines femmes aiment-elles dépenser de l'argent?
7. Comment le fait de le dépenser peut-il aider à lutter contre la dépression?
8. Avez-vous tendance à courir les magasins quand vous êtes déprimé(e)? Pourquoi ou pourquoi pas?
9. Que pensez-vous de la phrase du docteur Sabourin: 《L'amour, ce n'est pas combler un manque, c'est donner ce que l'on n'a pas》?
10. Que pensez-vous des revendications féministes et de l'évolution des rôles de l'homme et de la femme dans notre société?

## DISCUTONS UN PEU!

1. Comment draguez-vous?
2. Que pensez-vous des cavaleurs et des cavaleuses? En connaissez-vous?
3. Etes-vous pour ou contre le concubinage (l'union libre)? Pour quelles raisons?
4. Quelles sont les qualités que vous recherchez particulièrement chez un partenaire? Pourquoi?
5. Quels défauts vous irritent le plus? Expliquez.
6. Qu'est-ce que la féminité pour vous? Et la virilité, comment la définiriez-vous?
7. Que feriez-vous si votre petit(e) ami(e) vous posait un lapin?
8. Pensez-vous que les hommes étaient plus romantiques dans leur manière de faire la cour autrefois? Et les femmes, étaient-elles différentes aussi? Expliquez.
9. Quels conseils donneriez-vous à quelqu'un qui broie du noir parce que son ami(e) l'a laissé(e) tomber?
10. Qu'est-ce qui vous plaît (plairait) le plus dans la vie à deux? Qu'est-ce qui vous plaît (plairait) le moins?

## METTONS-NOUS EN SITUATION!

### A. MISE EN SCENE

Les activités suivantes sont de petites scènes à jouer en classe pendant cinq minutes.

1. Votre meilleur(e) ami(e) qui vient de tomber amoureux(-euse) vous vante les mérites de son (sa) nouvel (le) ami(e). Malheureusement, vous connaissez bien cette personne et devez apprendre à votre meilleur(e) ami(e) que c'est un(e) cavaleur(-euse). Imaginez la conversation.
2. Avec un(e) camarade de classe, jouez une scène d'amour dans laquelle un homme fait la cour à une femme au XIXᵉ siècle. Puis, rejouez la même scène telle qu'elle pourrait avoir lieu de nos jours.
3. Votre petit(e) ami(e) vient de vous laisser tomber. Vous broyez du noir dans votre chambre. Par chance, votre meilleur(e) ami(e) arrive et vous remonte le moral. Imaginez la conversation.
4. Vous venez de rencontrer quelqu'un dont vous êtes tombé(e) complètement amoureux(-euse). Vous pensez avoir trouvé votre idéal et décidez de tout quitter pour partir avec lui (elle) pour vivre d'amour et d'eau fraîche. Vos parents essayent de vous ouvrir les yeux et de vous faire changer d'avis. Imaginez la scène.

## B. TABLES RONDES

Tous les étudiants commentent tour à tour les sujets suivants.

### Expressions utiles à la discussion

- **je trouve que = je pense que**
- **à mon avis** *in my opinion*

- **je crois que** *I think that*
- **en ce qui me concerne** *as far as I am concerned*

1. Les tabous du XX$^e$ siècle aux USA
2. Mariage et concubinage
3. Cours d'éducation sexuelle à l'école
4. Les sorties à l'aveuglette (*blind dates*)

## C. SONDAGE

Avec deux camarades de classe, interviewez dix de vos ami(e)s ou parents sur le sujet suivant:

**Quel type d'hommes (de femmes) vous attire le plus? Quelles qualités vous plaisent le plus, quels défauts supportez-vous le moins?**

Organisez les réponses des personnes interrogées, puis présentez les résultats de ce sondage au reste de la classe qui commentera.

## D. ENQUETE

Avec un(e) camarade de classe, rendez-vous dans une agence matrimoniale (*marriage bureau*) et interviewez le (la) gérant(e) sur les motivations de ses clients. Vous lui poserez, entre autres, les questions suivantes:

1. Quel type de clients avez-vous?
2. Pour quelles raisons font-ils appel à vos services?
3. Comment pouvez-vous les aider?

Organisez les réponses obtenues et présentez-les au reste de la classe qui commentera.

---

## SOYONS CREATIFS!

*Writing Tips:* WRITING A PAPER

When writing, always try to keep in mind that your paper has to appeal to your reader. Try to capture the reader's attention by the way you express your ideas. Compare the following two paragraphs. The first one is an excerpt from an essay written by a student before correction. The second paragraph is the improved version.

> L'année dernière, je suis allé à Paris. J'ai visité beaucoup de monuments intéressants et j'ai mangé dans de bons restaurants. J'ai aimé mon voyage.

This version is grammatically correct but not very interesting, even dull. Now read the improved version.

> L'année dernière, en août, je suis allé à Paris. J'y suis resté deux semaines. J'ai fait ce que la plupart des touristes font dans la capitale: j'ai visité un grand nombre de monuments—ce qui était très intéressant—et, bien sûr, je suis allé dans de bons restaurants pour déguster des plats typiquement français. Ah! Quel séjour! J'ai tant envie de retourner là-bas!

This version has more details, which makes it more interesting to read.

*A.* En 60 mots, dites quelles sont les qualités que vous préférez chez un homme (une femme) et quels sont les défauts que vous détestez le plus.

*B.* En 100 mots, terminez le dialogue suivant.

SYLVIE:   Hier, à la soirée de Jean-Marc, j'ai rencontré un mec génial (un garçon super). Il s'appelle Olivier. On est sortis ensemble et il m'a dit qu'il allait me téléphoner ce soir.

MARIE-FRANCE:   Ah, oui! Eh bien, je le connais ton Olivier. Tu ferais bien de faire attention à lui. C'est un vrai dragueur. Tout ce qui l'intéresse, c'est de coucher (faire l'amour) avec les filles. D'ailleurs, il en change toutes les semaines.

SYLVIE:   Ce n'est pas vrai! Tu mens!

MARIE-FRANCE:   Ecoute! C'est bien joli d'être amoureuse, mais il faut quand même garder les pieds sur terre. Moi, si j'étais toi, voilà ce que je ferais: . . .

*C.* En 150 mots, dites ce que vous pensez du mariage et de l'union libre. Précisez laquelle de ces deux solutions vous préférez et justifiez votre décision.

*D.* En 200 mots, racontez une soirée désagréable passée avec votre petit(e) ami(e). Ne ménagez pas les détails.

# La médecine et la santé

# A SAVOIR

### LES MEDICAMENTS ET LES TRAITEMENTS

| | | |
|---|---|---|
| la vitamine | le médicament | |
| la pilule | le comprimé = le cachet | *tablet* |
| le sirop | le pansement *bandage* | |
| le régime *diet* | la radio(graphie) | |
| la piqûre *shot* | le sommeil | |
| le cabinet (du médecin) | l'hôpital (*m.*) | |
| l'alimentation (*f.*) *nutrition, diet* | l'hygiène (*f.*) | |
| la calorie | le poids *weight* | |

### LES MALADIES

| | |
|---|---|
| la fièvre | l'insomnie (*f.*) |
| la migraine | le mal de tête |
| le virus | le microbe |
| la grippe *flu* | le rhume *cold* |
| la crise de foie = l'indigestion (*f.*) | le diabète |
| la varicelle *chicken pox* | l'infarctus (*m.*) = la crise cardiaque |
| la rougeole *measles* | le cancer |
| l'hépatite (*f.*) virale | les oreillons *mumps* |
| la méningite | les rhumatismes |

### LES MEDECINS

| | |
|---|---|
| le (la) généraliste ≠ le (la) spécialiste | le (la) psychologue |
| le (la) gynécologue | le (la) psychiatre |
| le (la) dermatologue | le (la) chirurgien(ne) |
| le (la) cardiologue | |

---

| | |
|---|---|
| enrhumé | gros(se) ≠ mince |
| hypertendu ≠ hypotendu | stressé ≠ reposé |
| inquiet(-ète) ≠ rassuré | insomniaque |
| allergique (à) | |
| grave = sérieux(-euse) ≠ bénin (bénigne) | |

| | |
|---|---|
| perdre du poids = maigrir | vieillir ≠ rajeunir |
| prendre du poids = grossir | se reposer = se détendre |
| transpirer | surveiller = contrôler |
| souffrir (de) = avoir mal (à) | éternuer *to sneeze* |
| tousser | attraper un rhume |
| être en bonne (mauvaise) santé | suivre un régime |
| se faire vacciner | se faire opérer |
| se faire soigner | se faire examiner |
| se faire faire des radios | se faire faire une prise de sang |

# PRATIQUONS!

**A.** Quel est le contraire des mots suivants? Employez chacun d'eux dans une phrase.

1. mince
2. bénin
3. le généraliste
4. hypertendu
5. vieillir

**B.** Donnez un synonyme pour chaque mot ou expression ci-dessous et employez-le dans une phrase.

1. l'infarctus
4. la crise de foie
2. le cachet
5. maigrir
3. se détendre

**C.** A quoi vous font penser les mots ou expressions qui suivent?

1. le régime
4. la maladie bénigne
2. l'insomnie
3. la maladie grave

**D.** Quelle différence existe-t-il entre:

1. un généraliste et un spécialiste?
2. un dermatologue et un cardiologue?
3. un psychologue et un chirurgien?

**E.** Quel lien voyez-vous entre:

1. le rhume et la grippe?
2. l'alimentation et le régime?
3. la migraine et la méningite?

**F.** Complétez!

1. Quelqu'un qui n'arrive pas à dormir est _____ .
2. Quand on est enrhumé, on _____ souvent.
3. Il est nécessaire de _____ son poids.
4. Si l'on mange trop de chocolat et de gâteaux, on peut avoir une _____ _____ _____ .
5. Quand on a de la fièvre, il faut rester au lit et boire quelque chose de chaud pour _____ .

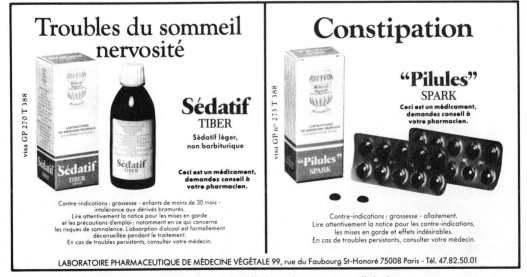

**Répondons!** Sous quelle forme se vend ce sédatif? A quoi servent ces pilules?

**6.** Les personnes qui suivent un régime basses calories doivent se faire _____ régulière-ment.

**7.** Une personne qui a mal au dos doit se faire _____ .

**8.** Quelqu'un qui a une jambe cassée doit se faire _____ .

**9.** Si vous avez une crise d'appendicite, vous devez vous faire _____ .

**G.** Nommez trois maladies infantiles.

    **1.** _____        **2.** _____        **3.** _____

**H.** Répondez!

    **1.** Quelle maladie cause le plus de décès dans les pays industrialisés?

    **2.** Laquelle résulte d'un excès de sucre dans le sang?

    **3.** Où a-t-on mal quand on a les oreillons?

    **4.** De quel organe souffre-t-on quand on a une crise cardiaque?

    **5.** Que faut-il faire quand on ne veut pas attraper certaines maladies comme la tuberculose, le choléra et le tétanos?

    **6.** Quelles maladies avez-vous eues quand vous étiez enfant?

**I.** Dans les phrases ci-dessous, remplacez les expressions en italique par d'autres.

    **1.** Comme j'ai beaucoup grossi, il faut que je *perde du poids*.

    **2.** Ce n'est pas une maladie *sérieuse*.

    **3.** Nous aimerions tous pouvoir *redevenir jeunes*.

    **4.** Le meilleur moyen d'éviter le stress est de *se reposer*.

    **5.** Où *souffrez*-vous?

**J.** *Devinettes.* Devinez le mot ou l'expression évoqués par les définitions suivantes.

    **1.** Mon ami le microbe et moi sommes responsables de nombreuses maladies. Qui suis-je?

    **2.** Je suis à la fois une maladie grave et un signe astrologique.

    **3.** Plusieurs lettres et quelquefois des numéros sont associés à notre nom. Qui sommes-nous?

    **4.** Ce sont des ⟨⟨photos intérieures⟩⟩ de notre corps.

    **5.** En général, on ne dit pas le ⟨⟨bureau⟩⟩ du médecin, on dit _____ .

    **6.** Je suis un médecin qui se spécialise dans les maladies cardiaques.

    **7.** Quant à moi, je suis un spécialiste des maladies des organes féminins.

    **8.** C'est ce que l'on ressent quand on a mal quelque part.

    **9.** C'est ce qu'une personne qui suit un régime doit compter quand elle mange.

    **10.** Je suis un médicament liquide que l'on avale quand on a mal à la gorge.

# ACTIVITE 1

# Heureuse d'avoir maigri

## QUESTIONS AVANT LA LECTURE

    **1.** Surveillez-vous votre poids constamment ou préférez-vous manger ce qui vous plaît? Expliquez.

    **2.** Que savez-vous de l'association Weight Watchers?

1. Lisez l'article suivant une fois.
2. Essayez de deviner le sens des expressions ci-dessous d'après le contexte dans lequel elles sont utilisées.

**je reprenais aussitôt:**  a. je remangeais aussitôt
                                   b. je regrossissais aussitôt
                                   c. je recommençais aussitôt

**j'ai failli craquer:**  a. j'ai presque abandonné
                              b. j'ai presque pleuré
                              c. j'ai presque crié

**cette manie:**  a. cette habitude
                     b. cette journée
                     c. cette nourriture

**j'avais envie de bouger:**  a. j'avais envie de chanter
                                        b. j'avais envie d'être détendue
                                       c. j'avais envie d'être active

*Correct answers: b, a, a, c*

# "Seule, je n'arrivais pas à maigrir. Avec Weight Watchers, j'ai réussi."

**Christine. 11 kilos perdus il y a 2 ans.**

«**Pour maigrir, j'avais tout essayé :** régimes, crèmes, cures, pilules... Mais seule, c'était trop dur, je n'y arrivais pas. Je maigrissais un peu et je reprenais aussitôt. Alors, un jour, j'ai décidé d'aller chez Weight Watchers. Et là, j'ai trouvé ce que je n'avais jamais eu : une méthode vraiment efficace et surtout des gens qui m'ont aidée à aller jusqu'au bout. J'ai perdu 11 kilos. C'était il y a 2 ans. Depuis, je suis restée mince.

**Les réunions, c'était mon oxygène.** A la fin de la première semaine, je me souviens, j'étais contente : j'avais perdu 2 kilos. La semaine suivante, 1,5 kilo. Mais la semaine d'après, j'avais repris 300 grammes ! J'ai failli craquer. Si l'animatrice n'avait pas été là pour me remonter le moral, j'aurais tout laissé tomber. Mais là, non, grâce à elle, j'ai continué et c'est reparti !

**Petit à petit, j'ai changé ma façon de manger.** J'avais l'habitude de grignoter à longueur de journée. Ça n'a pas été facile d'abandonner cette manie. J'ai appris à faire un bon petit déjeuner et de vrais repas à midi et le soir ! Pour commencer, j'ai suivi à la lettre les menus que l'animatrice me remettait. Elle me disait bien que je pouvais faire des échanges, mais je n'osais pas. Et puis, je me suis détendue. J'en ai fait un jeu.

**J'ai maigri en mangeant ce que j'aimais.** Avec ce système, on peut manger de tout. C'est très varié, très équilibré. Je choisissais ce que je préférais. Et si de temps en temps j'avais une envie folle de glace, de croissant ou de chocolat, c'était possible aussi.

**J'allais même au restaurant.** Au début, j'étais tentée de refuser les invitations, pour ne pas faire d'excès. Mais l'animatrice m'a donné confiance en moi, en me donnant des idées pour participer à tout, sans m'obséder sur la nourriture. J'ai continué à maigrir en menant une vie normale.

**Je me sentais si bien dans ma peau** que j'avais envie de "bouger". Faire du sport, courir les magasins, danser, aller vers les autres. Perdre du poids, ça a vraiment changé ma vie !

**Alors, à mon tour, j'ai eu envie d'aider les autres.** Je suis devenue animatrice Weight Watchers. Je voulais apporter mon expérience à celles qui commençaient, qui allaient vivre ce que j'avais vécu. Je me disais : "Si ça a marché pour moi, ça doit marcher pour elles." Toutes les animatrices Weight Watchers sont des femmes qui ont été fortes et qui ont maigri avec cette méthode. C'est pour cela qu'elles savent si bien nous aider.»

N'hésitez pas à venir vous inscrire chez Weight Watchers. En ce moment, et jusqu'au 25 novembre 1989, c'est gratuit.

NOUVEAU PROGRAMME DEPART RAPIDE PLUS

---

**REPONDONS!**

1. Quel problème Christine avait-elle il y a deux ans?
2. Qu'a-t-elle décidé de faire un jour?
3. Comment était le moral de Christine après les premières réunions?
4. Pour quelle raison n'a-t-elle pas abandonné?
5. Comment l'association Weight Watchers a-t-elle aidé Christine à changer ses habitudes alimentaires?
6. D'après Christine, quels sont les avantages du régime Weight Watchers?
7. Quelles ont été les conséquences de ce changement de régime?
8. Pourquoi Christine a-t-elle décidé de devenir animatrice, elle aussi?
9. Que pensez-vous de son témoignage?
10. Connaissez-vous des personnes qui ont fait appel à cette association (ou à une autre) pour maigrir? Quels résultats ont-elles obtenus?

# ACTIVITE 2

## La santé par correspondance

La Santé par Correspondance

### QUESTIONS AVANT LA LECTURE

1. Vous est-il arrivé d'écrire à un magazine pour poser des questions concernant votre santé ou votre beauté? Expliquez pourquoi ou pourquoi pas.
2. Que pensez-vous de ce système de questions-conseils par correspondance? Quels en sont les avantages et les inconvénients?

### STRATEGIE DE LECTURE

1. Les deux textes qui suivent sont tirés d'un magazine sur la santé. Lisez chaque texte une fois, en évitant de vous arrêter sur les mots qui vous sont inconnus.
2. Tentez de dégager l'idée générale de ces deux articles.

---

### PRÉVENIR L'AÉROPHAGIE

*« Je souffre d'aérophagie après les repas, si bien que le soir, mon ventre a presque doublé de volume ! Je ne peux jamais porter pour sortir de vêtements trop ajustés. Que faire ? »*

*Véronique D., Courbevoie*

Quelques mesures d'hygiène de vie, assez simples, mais cependant contraignantes à respecter, devraient remettre les choses en ordre. Dans le cas contraire, consultez un médecin.

Evitez le chewing-gum, les boissons gazeuses, l'abus de crudités et de fruits frais (qui provoquent des ballonnements), les plats épicés. Un dernier conseil : ne mangez pas trop vite ! Enfin, faites un peu de gymnastique. Quand on a des abdominaux bien musclés, le ventre a nettement moins tendance à "pointer"...

### BEAU A 55 ANS

*« J'ai 55 ans et j'aimerais avoir l'air plus jeune. Que faire ? Il me semble que le lifting doit laisser des cicatrices visibles et que le remède est pire que le mal. »*

*Alain F., Fontenay-sous-Bois*

Un homme sur vingt-cinq femmes fait aujourd'hui appel à la chirurgie esthétique. Les deux interventions les plus demandées sont le lifting et la chirurgie des paupières. Le plus souvent, les cicatrices du lifting sont dissimulées dans les cheveux et en arrière de l'oreille : elles sont donc bien cachées. Si le lifting ne vous tente pas, sachez que la chirurgie des paupières (excès de peau de la paupière supérieure et poches sous les yeux) donne souvent des résultats spectaculaires. Les cicatrices sont invisibles.

### Texte 1

**1.** Relisez ce texte une fois.

**2.** Devinez les mots inconnus grâce à leur contexte. A votre avis, que veut dire ici l'adjectif **ajusté**?

   **a.** élégant          **b.** étroit          **c.** large

   Le verbe **éviter** veut-il dire:
   **a.** essayer          **b.** s'abstenir de          **c.** connaître

**3.** D'autres mots ne posent pas de problèmes parce qu'ils ressemblent à leurs correspondants en anglais. Quels sont ces mots?

**4.** Vous pouvez probablement aussi deviner le sens d'un certain nombre de mots grâce à leur racine ou à leur parenté avec d'autres mots.

   Ainsi, à votre avis, à quel autre mot s'apparente l'adjectif **contraignant**?
   **a.** le contraire          **b.** la contrainte          **c.** la construction

   Lequel de ces mots en est le synonyme?
   **a.** difficile          **b.** intéressant          **c.** impossible

**5.** Répondons!

   **a.** Quels sont les symptômes de Véronique?
   **b.** Pourquoi ne peut-elle pas porter de vêtements trop ajustés?
   **c.** Comment Véronique peut-elle combattre son problème?
   **d.** Pourquoi ces mesures d'hygiène de vie sont-elles contraignantes?
   **e.** Vous arrive-t-il d'être comme Véronique? Que faites-vous dans ce cas?

### Texte 2

**1.** Relisez le texte une fois.

**2.** A votre avis, que signifient les mots suivants d'après leur contexte?

**la cicatrice:**     a. petit point sur la peau
                      b. marque laissée par un accident ou une opération
                      c. amélioration de la texture de la peau

**dissimuler:**     a. cacher
                    b. obtenir
                    c. voir

**3.** Etudiez les mots qui suivent. A quels mots anglais ressemblent-ils?

   **a.** le remède
   **b.** tenter
   **c.** la chirurgie
   **d.** l'excès
   **e.** le résultat

**4.** Répondons!

   **a.** Devant quel dilemme Alain se trouve-t-il?
   **b.** Quelles opérations sont les plus demandées, en général?
   **c.** A votre avis, pourquoi les hommes sont-ils moins nombreux à demander ce genre d'opération?
   **d.** Selon vous, quelle décision Alain va-t-il prendre?
   **e.** Quand vous aurez son âge, pensez-vous que vous ferez appel à la chirurgie esthétique? Expliquez.

*Correct answers:* Texte 1: 2b, b and 4b,a; texte 2: 2b,a

# LECTURE
## Adieu stress!

**QUESTIONS AVANT LA LECTURE**

1. Vous arrive-t-il de mal dormir? Quelles en sont les raisons, à votre avis?
2. Comment vous détendez-vous?

1. Lisez le texte qui suit une fois en entier, sans vous arrêter sur les mots que vous ne comprenez pas. De quoi parle ce texte?
2. Aidez-vous du contexte pour deviner le sens des mots que vous ne connaissez pas. Ainsi, que signifient les mots et expressions qui suivent?

**comme un boulet de canon:**  a. très mal
b. trop rapidement
c. seul

**troquer:**  a. vouloir
b. échanger
c. chercher

**piocher:**  a. aller
b. faire
c. chercher

3. Relisez le texte une fois et dites de quelles manières on peut se détendre, d'après cet article.

*Correct answers: b, b, c*

**INTRODUCTION**

A notre époque, de plus en plus de gens se plaignent d'être stressés. Le texte qui suit passe en revue quelques règles d'hygiène simples et quelques conseils qui vous aideront à vous sentir plus détendu(e).

# Adieu stress!

## Psychologiquement détendu

Pour être bien dans son corps, il faut d'abord être bien dans sa tête. Une fois votre «psy» mieux armé, vous pourrez **désamorcer** la plupart des tensions.   *forestall*

**Les pauses plaisirs.**   Elles sont devenues un luxe qu'on s'offre trop rarement. Et c'est bien dommage. Pour commencer, soyez un peu plus **égoïste**.   *selfish* Par essais successifs, réapprenez à vivre mieux. En un mot, à vous détendre dans le quotidien pour mieux profiter de la vie. C'est s'offrir une séance **ciné** avec   *cinéma* Dustin Hoffman, la visite d'une **expo** qu'on s'était refusée faute de temps, un bon   *exhibition* dîner trois étoiles ou même une heure en solitaire avec un bon roman. En vivant chaque moment comme un cadeau, vous verrez la vie du bon côté avec, **en prime**, un moral d'acier. Pour le garder, il ne faut pas attacher trop d'importance   *en plus* aux événements qui n'en ont pas vraiment. Rappelez-vous que nos réactions sont souvent démesurées! C'est aussi valable en case d'**échec**, ne vous tenez pas pour   *failure* vaincu, mais dites-vous que la vie vous donnera d'autres chances.

**La part des choses.**    Un peu de ménage dans vos comptes de tension, d'énervement et d'agacement ne fait jamais de mal. Examinez **à la loupe** une de vos journées et faites le bilan précis de ce qui vous **mine** à longueur d'année. Vous allez être surpris des choses que vous pourriez améliorer. Exemple: le petit déjeuner pris à la va-vite avant de conduire les enfants à l'école. N'est-il pas possible de tout préparer la veille? Au lieu de **pester** dans les embouteillages, pourquoi ne pas partir plus tôt ou changer d'itinéraire! Pour ne plus faire la queue au self-service et manger comme un boulet de canon, préparez-vous un **plateau** à déguster au bureau.

*closely*

*fatigue*

*curse*

*tray*

**A vous de savoir.**    Les gens détendus ne sont pas plus beaux, ni plus intelligents. Ce qui les différencie, c'est cette faculté rare de compenser agression par plaisir, de troquer le négatif pour le positif et de ne jamais laisser s'installer la moindre **angoisse**. Et ça, vous aussi pouvez y parvenir. Il suffit de se connaître suffisamment.

*anxiety*

## Physiquement détendu

Etre bien dans son corps, sans tension ni contracture, passe aussi par une série de techniques et de petites **astuces** quotidiennes. Mais sachez qu'il n'y a pas de recette universelle, la manière de se détendre est avant tout individuelle; à vous de piocher çà et là et de trouver le «truc» qui vous convient.

*tricks*

**La respiration.**    Il n'y a pas de vraie détente sans bonne respiration. Les effets sont à la fois physiologiques et psychologiques. Quand on est tendu, on consomme plus d'oxygène, et le fait de respirer profondément apporte une bouffée d'oxygène au sang, au **cerveau**. Et cela calme les neurones! Bien sûr, il ne s'agit pas de respirer n'importe comment, il y a une technique. D'abord, commencez par expirer en soufflant par la bouche tout l'air contenu dans les **poumons**. Ensuite, inspirez à fond en gonflant le ventre, puis la poitrine. Vous marquez alors un léger temps d'arrêt, et vous expirez très doucement. Pour bien faire, le temps d'expiration doit être deux fois plus long que celui de l'inspiration. Cet exercice peut se faire n'importe où, à n'importe quel moment . . . en marchant, mais aussi au bureau ou à la maison. Dans ce cas, faites-le fenêtre grande ouverte!

*brain*

*lungs*

## Diététiquement détendu

**L'eau calme.**    Il est évident que vous serez moins énervé en buvant de l'eau qu'en vous gorgeant de bière, de coca ou de scotch. L'eau permet à l'organisme de conserver un bon équilibre métabolique et cellulaire. De plus, le fait de boire régulièrement permet à l'organisme d'éliminer ses toxines.

**Un cocktail détente!**    Pour finir, idéal pour la fatigue nerveuse, si votre **foie** le supporte: passer au shaker un jus d'orange, deux jaunes d'œuf, une cuillerée de miel ou de sucre brun.

*liver*

Extrait et adapté de *Santé Magazine*

---

**REPONDONS!**

1. Qu'est-ce qui est nécessaire pour se sentir bien physiquement?
2. Que peut-on faire pour se détendre psychologiquement?
3. Que signifie l'expression «voir la vie du bon côté»? Expliquez en donnant des exemples.
4. Pourquoi est-il quelquefois nécessaire de faire le bilan de sa journée?
5. Quelle est la particularité des gens détendus par rapport aux autres?

6. Comment peut-on se détendre physiquement?
7. Quel est l'avantage de ces exercices respiratoires?
8. Comment peut-on se détendre diététiquement?
9. Connaissez-vous d'autres méthodes de relaxation et de détente?
10. Que faites-vous quand vous vous sentez tendu(e)?

**SI VOUS RÊVEZ...**
·DE RETROUVER VOTRE SOMMEIL NATUREL,
·DE REMPLACER PROGRESSIVEMENT LES MÉDICAMENTS DU SOMMEIL PAR UNE MÉDICATION DOUCE...

**TISANE PROVENÇALE N° 4**

BOÎTE BLEUE **peut vous aider.**

**Un produit naturel pour un sommeil naturel.**

Mélange de plantes traditionnellement utilisées pour réduire la nervosité, la TISANE PROVENÇALE N° 4 est préparée par un laboratoire pharmaceutique, dans le respect des bonnes pratiques de fabrication.
**En pharmacie** deux présentations : en vrac et en sachets doses individuels surenveloppés.

**N'oubliez pas :** *l'un des usages traditionnels de la plante est l'infusion qui permet l'extraction naturelle des principes actifs solubles dans l'eau.* **Demandez conseil à votre pharmacien.**

TISANE PROVENÇALE - LABORATOIRE CARVIN - AUBAGNE-EN-PROVENCE
Visa GP 331 B 391

ORSI AUBAGNE

Femme Actuelle, *novembre 1986*

**Commentons cette publicité!**
A qui s'adresse cette publicité? Quels sont les avantages de cette tisane?

## DISCUTONS UN PEU!

1. Que faites-vous pour rester en bonne santé?
2. A votre avis, comment peut-on combattre le stress?
3. Comment peut-on perdre du poids?
4. Que peut-on faire quand on est insomniaque?
5. Etes-vous pour ou contre les pilules vitaminées? Expliquez.
6. De quelles maladies avez-vous le plus peur? Pour quelles raisons?
7. Selon vous, quel rôle joue l'alimentation dans la conservation de la santé?
8. Pensez-vous que l'alimentation de la femme et de l'homme modernes soit plutôt meilleure ou plutôt pire qu'autrefois?
9. Certaines personnes trouvent que les médecins gagnent trop d'argent. Etes-vous d'accord? Justifiez votre réponse.
10. Pensez-vous que l'on devrait vivre sa vie en prenant toujours des précautions ou plutôt ne pas trop penser aux maladies? Expliquez.

## METTONS-NOUS EN SITUATION!

### A. MISE EN SCENE

Les activités suivantes sont de petites scènes à jouer oralement en classe pendant cinq minutes.

1. Comme vous pensez que vous avez attrapé un rhume, vous vous rendez chez votre médecin généraliste. Celui-ci vous prescrit des médicaments et vous donne des conseils.
2. Les vacances d'été approchent et vous vous apercevez que vous avez pris du poids. Le problème, c'est que vous ne savez pas comment le perdre rapidement. Un(e) ami(e) vous conseille un régime draconien! Imaginez la scène et votre réaction.
3. Jouez une scène comique dans laquelle un(e) client(e) se rend chez un(e) psychiatre parce qu'il (elle) est insomniaque. Le (la) psychiatre lui pose des tas de questions et lui donne des conseils très bizarres. Faites appel à votre imagination.

### B. TABLES RONDES

Tous les étudiants commentent tour à tour les sujets suivants.

#### Expressions utiles à la discussion

- **il est triste que**
- **il est vraiment dommage que** *it is too bad that*
- **je doute que**

1. Bons médecins et charlatans
2. L'homme (La femme) moderne et les médicaments
3. Etre médecin: une profession enviable?

### C. SONDAGE

Avec deux camarades de classe, faites un sondage dans votre école ou dans la rue sur le sujet suivant:

**Comment peut-on rester en bonne santé?**
Notez les réponses des personnes interrogées, classez-les et présentez vos résultats au reste de la classe. Vous pouvez utiliser les classifications suivantes:

- alimentation
- activité physique
- repos

- environnement
- problèmes émotifs

## SOYONS CREATIFS!

*Writing Tips:* WRITING A PAPER

☐ Make good use of a dictionary. It is worth buying a large one that gives examples of word usage. If you look up the verb *drive* in a good French-English dictionary, here are the different meanings you will find:
*drive* 1. **chasser** (*people, animals, clouds, leaves*)
2. **conduire** (*car, train, passenger*)
3. **faire fonctionner** (*machine*)

4. **enfoncer** (*nail*)
5. **percer** (*tunnel, well*)
6. **aller en voiture**

You will also find some idiomatic expressions:

*to drive* (*someone*) *crazy*: **rendre fou**
*to drive* (*someone*) *hard*: **surmener**

As you can see, *drive* cannot always be translated by **conduire.**

☐ Try to vary your vocabulary by looking for words that can better define what you want to say. For *exhausted* don't write **très fatigué**: use the exact translation, **épuisé.**

☐ Don't be redundant. To say the same thing in a different way, look for synonyms in the dictionary. For example, if you look up the verb *think*, you will find **penser, trouver, croire, avoir l'impression de**, and many other possibilities.

*A.* Complétez le dialogue suivant en 50 mots.

ALAIN: Je suis allé voir un cardiologue l'autre jour. Il m'a dit que j'étais hypertendu, que j'avais trop de cholestérol et qu'il fallait que je fasse attention.

PATRICIA: Attention à quoi?

ALAIN: Eh bien! Il m'a dit que si je continuais à manger des frites, des steaks et des gâteaux et à prendre l'apéritif avant de manger, je pourrais bien avoir un infarctus avant 50 ans!

PATRICIA: C'est pas vrai! Alors qu'est-ce qu'il faut que tu fasses?

ALAIN: . . .

*B.* En 80 mots, écrivez une lettre à *Santé Magazine*, dans laquelle vous demandez des conseils pour un petit problème de santé que vous avez. Rédigez aussi la réponse du magazine.

*C.* Ecrivez un essai de 150 mots sur le rôle que joue l'alimentation dans la vie moderne.

# Les plaisirs
# de la table

# A SAVOIR

## LA CUISINE

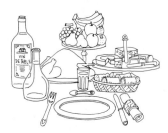

| | |
|---|---|
| le repas | la nourriture |
| l'aliment (*m.*) = le mets | la boisson |
| le gourmet | la haute cuisine |
| le régal  *treat, delight* | la gastronomie |
| le goût | la saveur |
| le (la) gastronome | la cuisson  *cooking* |
| l'ingrédient (*m.*) | la protéine |
| le produit | la calorie |
| le régime | la vitamine |
| l'additif (*m.*) | la toxine |
| le colorant | la pause |

## LE RESTAURANT

| | |
|---|---|
| le bistrot  *small restaurant* | la brasserie |
| le buffet = le snack-bar | la restauration rapide |
| le hors-d'œuvre | la pizzeria |
| le plat (principal) | la spécialité |
| l'apéritif (*m.*) | l'entrée (*f.*) |
| le service | la carte |
| le cadre  *decor* | l'ambiance (*f.*) = l'atmosphère (*f.*) |
| le (la) patron(ne) | la décoration |
| le (la) serveur(-euse) | la réservation |
| le pourboire  *tip* | l'addition (*f.*) |
| le chef | la clientèle |

---

| | | |
|---|---|---|
| alimentaire | appétissant | gourmand |
| diététique | savoureux(-euse) | indigeste |
| saignant  *rare* | épicé ≠ insipide | cru ≠ cuit |
| bleu  *very rare* | en boîte  *canned* | bien cuit  *well-done* |
| naturel (le) ≠ artificiel (le) | cancérigène | frais (fraîche) ≠ surgelé |
| salé ≠ poivré | à point  *medium* | |
| alcoolisé ≠ non-alcoolisé | | |
| délicieux (-euse) ≠ dégoûtant | | |

| | |
|---|---|
| cuisiner = faire la cuisine | mitonner = préparer |
| faire cuire (*trans.*) | être assoiffé = avoir très soif |
| cuire (*intrans.*) | commander |
| être affamé = avoir très faim | être difficile  *to be fastidious* |
| manger = bouffer (*pop.*) | goûter |
| se nourrir = s'alimenter | |
| déguster ≠ engloutir  *to savor ≠  to gulp down* | |
| être un cordon bleu  *to be a fine cook* | |
| manger sur le pouce ≠ faire un gueuleton | |

# PRATIQUONS!

**A.** Donnez un synonyme pour chaque mot ou expression ci-dessous et employez-le dans une phrase.

**1.** le mets     **3.** s'alimenter     **5.** préparer
**2.** faire la cuisine     **4.** avoir très faim     **6.** manger

**B.** Donnez le contraire de chaque mot et expression ci-dessous et employez-le dans une phrase.

**1.** frais     **3.** cru     **5.** alcoolisé     **6.** épicé
**2.** engloutir     **4.** manger sur le pouce

**C.** Quelle différence voyez-vous entre:

**1.** un gourmet et un gourmand?
**2.** la restauration rapide et la haute cuisine?
**3.** une carte et un menu?

**D.** A quoi vous font penser les mots ou expressions qui suivent?

**1.** la protéine     **3.** la vitamine     **5.** appétissant
**2.** indigeste     **4.** la haute cuisine     **6.** alcoolisé

**E.** Quel point commun voyez-vous entre:

**1.** un patron et un serveur?
**2.** le petit déjeuner et le dîner?
**3.** l'addition et le pourboire?
**4.** le colorant et l'additif alimentaire?

Chez la MÈRE MICHEL

Le restaurant
français idéal
**pour toutes
vos célébrations**
(de deux à quarante personnes)

**1209, rue Guy, Montréal, QC • (514) 934-0473**

**Exploitation de la publicité**

Quel type d'établissement est-ce? Quelles peuvent en être l'ambiance, la clientèle?

**F.** Définissez les mots suivants.

**1.** le pourboire     **3.** l'additif
**2.** le cordon bleu     **4.** l'addition

**G.** Répondez!

**1.** Dans quels aliments y a-t-il beaucoup de vitamines?
**2.** Connaissez-vous des plats très caloriques? Nommez-en deux.
**3.** Quels aliments sont riches en protéines?

**H.** Complétez le texte suivant à l'aide des mots ci-dessous.

| eau minérale | régal | spécialités | délicieux |
|---|---|---|---|
| serveur | épicée | pourboire | choisi |
| carte | addition | boisson | saignant |
| menu | savoureuses | plats | gourmands |
| affamés | | | |

Samedi soir, mes amis et moi sommes allés dans un restaurant qui s'appelle Chez Georges. Nous y allons souvent, car nous aimons ses _____ . Dès que nous nous sommes assis, le _____ nous a apporté la _____ et le _____ . Comme nous étions _____ , nous avons choisi un menu avec plusieurs _____ . Au bout de dix minutes, le serveur est revenu et nous a demandé ce que nous avions _____ . Marc a pris un steak _____ avec des pommes de terre, Julie un plat de poisson dans une sauce _____ et moi, j'ai choisi une pizza. Comme dessert, il y avait de _____ tartes et des gâteaux _____ . Quelle chance pour nous qui sommes si _____ ! Quant à la _____ , nous avons préféré boire de l' _____ . Au bout d'une demi-heure, nous avons demandé l' _____ au serveur et nous lui avons laissé un _____ . Ah! Quel repas nous avons fait! Un vrai _____ !

**I.** Quels sont les adjectifs dérivés des noms suivants?

**1.** l'appétit       **3.** le sel       **5.** la saveur
**2.** la fraîcheur    **4.** le cancer    **6.** l'aliment

**J.** *Devinettes.* Devinez les mots évoqués par les phrases suivantes.

**1.** Ceci se dit d'une personne dont les goûts alimentaires sont très limités.
**2.** Ce mot populaire signifie ⟨⟨repas abondant⟩⟩.
**3.** C'est l'action d'absorber de la nourriture.
**4.** C'est le degré de cuisson entre ⟨⟨bien cuit⟩⟩ et ⟨⟨saignant⟩⟩.
**5.** C'est le plat servi au début du repas avant le plat principal.
**6.** C'est la personne qui fait la cuisine dans un grand restaurant.

# ACTIVITE 1

# Les Français et la restauration rapide

## QUESTION AVANT LA LECTURE

Que pensez-vous des établissements de restauration rapide comme McDonald's et Burger King? Y mangez-vous souvent? Pourquoi ou pourquoi pas?

## STRATEGIE DE LECTURE

**1.** Lisez l'article suivant une première fois pour vous familiariser avec le contenu. Relisez-le ensuite une seconde fois afin d'en dégager les idées principales.

**2.** Certains mots de ce texte peuvent être devinés grâce au contexte. Ainsi, que signifient les expressions suivantes?

**en revanche:** a. donc
b. par contre
c. suivant

**on s'en doute:** a. on n'est pas sûr
b. bien sûr
c. il n'y a pas de doute

*Correct answers: b,b*

# Les Français déjeunent sur le pouce
# 654 millions de fois par an

*Selon l'enquête Equip'Hôtel - Sofres, réalisée en juillet 1985, les Français déjeunent « sur le pouce », dans un café, ou un établissement de restauration rapide 654 millions de fois par an. 342 millions de ces repas sont consommés dans un bistrot, un café ou une brasserie par 11 millions de Français âgés de 15 ans et plus.*

Si les Français sont encore plus nombreux — 13,3 millions — à déjeuner dans un établissement de restauration rapide (fast-food, cafétéria, restaurant, buffet, snack), ils y vont, en revanche, moins souvent — 312 millions de fois par an — que dans les bistrots.

Cette formule est particulièrement appréciée par 54 % des moins de 25 ans, 49 % des cadres supérieurs, 47 % des cadres moyens, 35 % des habitants de l'ensemble du Bassin parisien.

Pour un repas de tous les jours, 13 % de ces Français qui déjeunent près de leur lieu de travail ne veulent pas dépenser plus de 40 F ; 41 % sont d'accord pour débourser 40 F à 75 F ; 12 % se disent prêts à dépenser plus de 75 F. En moyenne, le prix « à ne pas dépasser » est de 58,68 F.

Pour ce prix maximum, 22 % veulent manger un plat plus une boisson ; 21 % veulent un plat et un dessert ; 17 % veulent une entrée et un plat . 7 % se contentent d'un plat et un café.

En dehors du prix, les qualités exigées du restaurant quotidien sont une bonne cuisine, un service rapide, la propreté et une ambiance sympathique.

Formule préférée des Français pour leur pause-déjeuner, la restauration rapide ne représente pas — on s'en doute — la solution la plus souvent adoptée pour un repas de loisirs ou de fête.

En effet, alors que 28,5 millions de Français adultes vont au restaurant en famille ou entre amis, seuls 6,2 % d'entre eux — soit 1,8 million — choisissent, pour l'occasion, d'aller dans un fast-food ou une cafétéria.

62,5 % de ces clients sont attirés tout d'abord par le prix, 25 % par la localisation (proximité) de l'établissement, 16,7 % par le cadre, le confort et 14,6 % par le type de cuisine proposée.

Ceux qui se montrent les plus favorables à la solution restauration rapide se rencontrent chez 11 % des moins de 25 ans, 27 % des agriculteurs, 13 % des habitants du Nord et 13 % des habitants du Bassin parisien.

Pour ces repas de fête, les prestations fournies par la restauration rapide sont jugées tout à fait correctes : neuf clients sur dix se disent satisfaits du prix, de la qualité de la cuisine et du cadre ; sept sur dix sont contents du service et de la décoration de la table.

**REPONDONS!**

1. Qu'a révélé l'enquête Equip'Hôtel Sofres en 1985?
2. Dans quel genre d'établissements de restauration rapide les Français déjeunent-ils?
3. Quel type d'établissement semblent-ils préférer?
4. Pour la plupart, qui déjeune dans les bistrots?
5. En moyenne, combien les Français dépensent-ils pour déjeuner?
6. Quelles sont les qualités que doit avoir un restaurant pour les Français?
7. Quelle solution les Français préfèrent-ils pour les repas de fête?
8. Pour quelles raisons tant de gens choisissent-ils de déjeuner dans des établissements de restauration rapide?
9. Auprès de quel genre de clientèle la restauration rapide est-elle la plus populaire?
10. Que pensez-vous de cette enquête? Ces résultats vous surprennent-ils? Pourquoi ou pourquoi pas?

# ACTIVITE 2

## La nouvelle cuisine

**QUESTIONS AVANT LA LECTURE**

1. Allez-vous souvent au restaurant? Pour quelles occasions?
2. Quel type de cuisine préférez-vous?

---

**STRATEGIE DE LECTURE**

1. Lisez l'article qui suit une fois et résumez-en les idées principales.
2. Relisez-le une deuxième fois en repérant les mots que vous ne connaissez pas, mais que vous pouvez deviner grâce au contexte.
3. Aidez-vous des définitions suivantes pour parfaire votre compréhension.

   **le cassoulet:** plat en sauce avec des haricots blancs et de la viande de porc, de canard ou de mouton; spécialité du sud de la France

   **la langoustine:** crustacé ressemblant à un petit homard

   **le coulis:** jus obtenu après avoir cuit lentement des légumes, de la viande ou du poisson

   **le bœuf miroton:** plat de bœuf bouilli avec des oignons, du lard et du vin blanc

4. Résumez l'article rapidement en précisant les préférences de chacune des trois personnes interrogées.

---

**Inventée par Gault et Millau, elle a fait, il y a une quinzaine d'années, un grand boum dans la gastronomie française. Abandonnant les plats en sauce du terroir, la nouvelle cuisine a apporté davantage de légèreté et d'originalité dans les assiettes. Pourtant, aujourd'hui, elle semble passer de mode.**

● **Pour moi, elle reste un régal,** affirme Claudine, trente et un ans, assistante dentaire. On ne peut plus se nourrir en 1986 comme se nourrissaient nos grands-parents. Il faut savoir s'adapter aux exigences de notre époque, éliminer les toxines ! Servez-moi un cassoulet et je vais m'endormir avant même de l'avoir fini. Et puis, lorsque je vais au restaurant, j'aime déguster un plat qui sort de l'ordinaire. La nouvelle cuisine me surprend toujours un peu. Dé-

*Michel Guérard, le pape de la nouvelle cuisine.*

D'accord ? Pas d'accord ! La nouvelle cuisine

licieuse, jolie, légère, que demander de plus ?

● **Rien ne vaut la bonne cuisine traditionnelle** s'exclame Suzanne, trente-huit ans, mère au foyer. Primo, j'avoue que les langoustines, je les préfère à la

mayonnaise plutôt qu'au coulis d'oignons ou à la crème de pêches ! Secundo, il me semble que dans la nouvelle cuisine, le décor d'un mets compte plus que le reste. Moi, quand j'ai faim, je préfère me retrou-

ver devant un bon bœuf miroton que contempler une mousse au saumon perdue au fond d'une grande assiette. Tercio, comparativement, les restaurants dits « classiques » sont meilleur marché !

● **Je crois qu'elle a apporté de meilleures habitudes alimentaires,** explique Elisabeth, vingt-sept ans, employée. C'est une cuisine agréable à préparer et à déguster. Elle intègre des mariages originaux entre certains ingrédients comme le sucre et le sel. Les proportions sont plus équilibrées. Cela dit, je n'abandonne pas pour autant la cuisine traditionnelle. Ma mère m'a mitonné de trop bons petits plats pour que je les oublie ! En fait, j'aime bien varier. Lorsque je vais dîner avec des amis, je choisis aussi bien la nouvelle cuisine que la cuisine chinoise ou russe !

---

**REPONDONS!**

1. Qu'est-ce qui a été inventé par Gault et Millau il y a une quinzaine d'années?
2. En quoi ce type de cuisine a-t-il révolutionné la gastronomie française?
3. Pour quoi Claudine préfère-t-elle la nouvelle cuisine?
4. Que n'aime-t-elle pas dans la cuisine traditionnelle?
5. Qu'est-ce que Suzanne reproche à la nouvelle cuisine?
6. Pour quelle raison Elisabeth trouve-t-elle la nouvelle cuisine originale?
7. Que pense-t-elle de la cuisine traditionnelle?
8. En quoi l'opinion d'Elisabeth diffère-t-elle de celle de Claudine et de Suzanne?
9. Et vous, préférez-vous la nouvelle cuisine ou la cuisine traditionnelle? Pour quelles raisons?
10. Quand vous sortez, dans quel genre de restaurants allez-vous? Qu'y mangez-vous de préférence?

# Bon appétit!

---

### QUESTIONS AVANT LA LECTURE

1. Quand vous faites vos courses au supermarché, regardez-vous la liste des ingrédients des produits que vous achetez? Pourquoi ou pourquoi pas?
2. Quels produits contiennent beaucoup d'additifs chimiques? Les achetez-vous quand même? Dites pourquoi ou pourquoi pas.

### STRATEGIE DE LECTURE

1. Lisez le texte suivant une fois en entier. Quel en est le thème?
2. Relisez-le une deuxième fois plus lentement en essayant de le comprendre plus en détail.
3. Dressez la liste des mots du texte qui se rapportent à l'alimentation en complétant le tableau ci-dessous.

| Noms | Adjectifs | Verbes |
|------|-----------|--------|
| l'aliment | chimique | consommer |

INTRODUCTION

Le texte qui suit nous parle du problème des additifs dans notre alimentation quotidienne. Sont-ils nécessaires? Sont-ils inutiles? Quoi qu'il en soit, devrions-nous en manger si nous ne pouvons pas en prononcer le nom?

# Bon appétit!

Un petit test. Essayez de deviner de quel produit alimentaire il s'agit en lisant son étiquette: sucre, gélatine, acide adipique, citrate de sodium, acide fumarique, arôme artificiel, colorant alimentaire, phosphate tricalcique, acide citrique. **Vous donnez votre langue au chat?** Il s'agit de la poudre pour gelée Jello-o . . .    *Do you give up?*

Personne ne niera que la composition de nos aliments est de plus en plus complexe. A preuve, l'étiquette énumérant la liste des ingrédients d'une boîte de céréales ou de soupes en conserve se lit plutôt comme un traité de chimie organique!

Il faut y voir un signe des temps. Depuis la fin de la deuxième Guerre mondiale, les campagnards migrent massivement vers les villes. Une grande partie des aliments ne sont plus consommés là où ils sont produits. Ils doivent être transportés vers les marchés de vente, transportés et **entreposés.** Cette situation a forcé les    *stockés* compagnies alimentaires à **se creuser les méninges:** comment préserver la fraî-    *to rack their brains* cheur des produits tout en maintenant leur apparence originale?

L'**essor de la chimie industrielle** a permis de créer tout un arsenal de nouvelles    *expansion* substances, naturelles ou synthétiques, nommées additifs alimentaires. Les fabricants n'ont pas tardé à y voir leur profit: certains additifs prolongent la durée de conservation d'un aliment, tandis que d'autres en **rehaussent** la couleur, la saveur    *enhance* ou la texture. Les colorants, par exemple, ne sont ni plus ni moins que des cosmétiques alimentaires. Ces substances chimiques sont ajoutées à la nourriture uniquement pour la rendre plus appétissante.

On sait que l'apparence des aliments influe sur notre appétit. Les fabricants le savent mieux que nous. Et puisque le traitement industriel des aliments modifie leur couleur, les colorants se chargent de vous faire voir des oranges plus **éclatantes** que nature, ou du pain tellement foncé que vous aurez l'illusion qu'il    *bright* est fabriqué de blé entier à 100%!

C'est au fabricant qu'incombe la responsabilité de démontrer qu'un additif alimentaire est inoffensif pour la santé des consommateurs. C'est un processus lent et laborieux qui peut coûter jusqu'à cinq millions de dollars. Des chercheurs font valoir que, en laboratoire, les additifs alimentaires sont analysés chez des animaux en parfaite santé qui n'ont jamais connu la pollution, la fumée de cigarettes, le stress ou l'alcoolisme. Mais, se pourrait-il que, chez l'humain, ces facteurs interagissent avec les additifs pour produire des effets toxiques? «Pris isolément, les additifs me semblent sans danger, mais combinés, les effets **néfastes** sont pro-    *mauvais* bables, quoique cela reste à démontrer», avance prudemment le docteur Alex Heggtveit, de l'Université McMaster à Hamilton, Ontario.

Malgré tout, il semble que les additifs alimentaires ne soient que la réponse des fabricants à notre style de plus en plus **effréné** ainsi qu'à notre recherche d'ali-    *frantic* ments toujours plus savoureux, plus appétissant, plus frais. Nous sommes loin de l'époque où la simple congélation et quelques épices suffisaient à préserver les aliments.

Comme dit le vieux **dicton,** «Nous sommes ce que nous mangeons.» Mais    *saying* sommes-nous du métabisulfite de . . .?

Extrait et adapté de *Santé Société*

**Dites si les affirmations suivantes sont vraies ou fausses.**

1. Le texte parle de produits alimentaires.
2. L'origine du problème vient de la migration des campagnards vers les villes après 1945.
3. Les fabricants savent qu'un produit naturel est souvent plus appétissant qu'un produit rempli d'additifs.
4. Prouver qu'un additif est sans danger est facile et ne coûte pas cher au fabricant.
5. Quelquefois, on doit retirer certains additifs du marché.
6. Notre rythme de vie de plus en plus rapide encourage les fabricants à continuer l'utilisation des additifs.

## REPONDONS!

1. Pourquoi la composition des aliments devient-elle de plus en plus complexe?
2. Qu'est-ce qui a provoqué un tel changement?
3. Quel est le but principal des fabricants de produits alimentaires?
4. Qu'est-ce qui a permis de créer les additifs alimentaires?
5. Pour quelles raisons certains additifs sont-ils ajoutés aux aliments?
6. Quand doit-on retirer un additif du marché?
7. Comment préservait-on les aliments autrefois?
8. Que pensez-vous du vieux dicton 〈〈Nous sommes ce que nous mangeons〉〉?
9. Le problème des additifs alimentaires vous concerne-t-il? Si oui, expliquez ce que vous faites pour les éviter, sinon dites pourquoi ce problème ne vous concerne pas.
10. A votre avis, dans quelle direction ce problème va-t-il évoluer? Les choses vont-elles s'améliorer ou s'empirer? Pourquoi?

## DISCUTONS UN PEU!

1. Accordez-vous beaucoup d'importance à ce que vous mangez? Pourquoi ou pourquoi pas?
2. En France les gens passent en moyenne deux heures par jour à table. Qu'en pensez-vous?
3. Trouvez-vous que les gens mangeaient mieux autrefois? Expliquez.
4. Qu'est-ce qui vous plaît le plus dans notre alimentation moderne?
5. Qu'est-ce qui vous déplaît le plus?
6. Sur la base de quels critères choisissez-vous un restaurant plutôt qu'un autre?
7. Que pensez-vous des plats surgelés?
8. Allez-vous souvent dans des boutiques de produits diététiques (*health food*)? Pourquoi ou pourquoi pas?
9. Pensez-vous que l'on devrait systématiquement apprendre à cuisiner à l'école?
10. La plupart des maladies modernes comme le cancer et l'infarctus sont liées à notre alimentation et à notre abus d'aliments sans valeur nutritive (*junk food*). A votre avis, que peut-on faire contre cela?

## METTONS-NOUS EN SITUATION!

### A. MISE EN SCENE

Les activités suivantes sont de petites scènes à jouer en classe pendant cinq minutes.

1. Un(e) ami(e) et vous voulez aller au restaurant, mais vous avez beaucoup de mal à vous décider, car vous aimez la cuisine traditionnelle, alors que votre ami(e) préfère une cuisine plus diététique. Imaginez la conversation.

2. Un groupe d'ami(e)s attablé(e)s dans un restaurant passent une mauvaise soirée. Tout semble aller mal. Imaginez la scène et leur conversation.

3. Vous venez de terminer votre première journée de travail comme serveur ou serveuse dans un restaurant. En rentrant chez vous le soir, vous racontez votre expérience (bonne ou mauvaise) à deux ami(e)s.

**Exploitation de la publicité**

Seriez-vous tenté(e) de dîner à la Picholette? Dites pourquoi ou pourquoi pas.

## B. TABLES RONDES

Tous les étudiants de la classe commentent tour à tour les sujets suivants.

### Expressions utiles à la discussion

- **je ne sais pas si**
- **je suis d'accord avec lui (elle)**   *I agree with him (her)*
- **je ne suis pas du tout d'accord**   *I strongly disagree*

1. Les additifs dans la nourriture
2. L'alimentation moderne
3. L'influence de la publicité en matière d'alimentation

## C. INTERVIEW

Avec un(e) ami(e), interviewez le chef d'un grand restaurant de votre ville et demandez-lui, entre autres, où il a appris à faire la cuisine, quelles sont ses spécialités, ce qui lui plaît dans son métier et ce qui lui déplaît. Organisez les réponses obtenues et présentez-les au reste de la classe qui posera des questions.

## D. SONDAGE

Avec deux ami(e)s, faites un sondage auprès de dix personnes de votre entourage sur le sujet suivant:

**Que pensez-vous des établissements de restauration rapide?**

Organisez les réponses obtenues et présentez-les au reste de la classe qui commentera.

## E. ENQUETE

1. Avec deux ami(e)s, cherchez à la bibliothèque des documents sur les habitudes alimentaires des Français. Vous mentionnerez, entre autres, l'heure à laquelle ils se mettent à table, ce qu'ils mangent aux principaux repas et où et combien de fois par semaine ils font leurs courses. Présentez les résultats de votre enquête oralement au reste de la classe qui posera des questions.

2. Rendez-vous à la bibliothèque pour préparer une enquête sur les différences qui existent dans l'alimentation de certains groupes ethniques comme les Italiens, les Mexicains, les Chinois et les Arabes. Présentez vos résultats oralement au reste de la classe qui commentera.

## F. AMALGAME

La classe se divise en plusieurs groupes chargés de rédiger un menu français ou américain de leur choix. Au bout de dix minutes, chaque groupe lit son menu au reste de la classe, qui le jugera d'après ses qualités nutritives et diététiques. Aidez-vous du modèle ci-dessous.

### MENUS

LUNDI

- CAROTTES RAPÉES
- STEAK ET PURÉE
- FROMAGES
- YAOURT À LA BANANE

MARDI

- SOUPE AUX LÉGUMES
- POULET RÔTI ET FRITES
- FROMAGES
- GLACE À LA VANILLE

### SOYONS CREATIFS!

*Writing Tips:* **WRITING A PAPER**

☐ Although you will never be expected to write like Victor Hugo, try to avoid dullness by bringing some liveliness into each piece of writing. Use plenty of vivid details to arouse the interest of your reader. Compare the following two paragraphs (in the second one more details were added).

> J'ai passé mes vacances sur la Côte d'Azur. Mes parents avaient loué une maison sur la plage. Tous les matins, nous faisions une promenade en vélo au bord de l'eau.

> J'ai passé mes vacances d'été sur la Côte d'Azur. Mes parents avaient loué une jolie villa blanche qui était située directement sur la plage. C'était formidable! Tous les matins, nous faisions une longue promenade en vélo au bord de l'eau.

☐ Always make a rough draft first. Leave it aside for some time, then go back to it. You will be more able to see any careless mistakes you may have made and to come up with more and perhaps better ideas the second time. You can also ask a classmate to read your writing—it's easier to see others' mistakes than one's own.

*A.* En 70 mots, finissez le dialogue suivant.

SOPHIE:  A chaque fois que je fais les courses, cela me prend beaucoup de temps parce que je regarde toujours la liste des ingrédients de tous les produits que j'achète. Pas toi?

PIERRE:  Moi, non! Je n'ai pas le temps.

SOPHIE:  Tu devrais le prendre, je t'assure! C'est important de savoir ce qu'on mange. Ça ne te gêne pas, toi, de manger du jambon plein de phosphates ou des gâteaux pleins de colorants et de conservateurs?

PIERRE:  . . .

***B.*** En 90 mots, dites ce que vous pensez de la recette ci-dessous et si vous aimeriez ou non manger ce plat. Si vous le désirez, proposez des changements.

FICHES DIÉTÉTIQUES SANTÉ MAGAZINE ©

## POMMES DE TERRE FARCIES AU FROMAGE

Pour retrouver ces fiches découpez en suivant les pointillés.
Pierre-Antoine Giovannie. Réalisation Jeanne Gammon.

## POMMES DE TERRE FARCIES AU FROMAGE

### Pour 4 personnes :

**4 grosses pommes de terre de forme régulière. 100 g de roquefort. 120 g de fromage blanc à 40 % M.G. 2 petits oignons blancs. Persil. 2 cuillerées à café de paprika. Sel et poivre.**

*Brosser les pommes de terre (non épluchées) sous l'eau froide, pour bien les nettoyer. Les mettre dans une grande casserole d'eau froide salée. Faire cuire à feu doux et veiller à ce qu'elles n'éclatent pas. Puis les passer rapidement sous l'eau froide, dès la fin de la cuisson.*

*Avec un couteau pointu, couper la partie supérieure des pommes de terre. Les creuser avec une petite cuillère, sans les percer. Dans une terrine, écraser la chair retirée des pommes de terre, en même temps que le roquefort, le fromage blanc, les oignons finement émincés, le persil haché. Ajouter sel, poivre et paprika.*

*Remplir les pommes de terre évidées avec la farce et mettre à four chaud pendant une dizaine de minutes, pour les dorer. Servir aussitôt.*

### ASTUCES S.M.
Il est important de mener la cuisson des pommes de terre à feu doux (eau juste frémissante) pour garder intacte leur peau. Il est préférable de ce fait de ne pas utiliser la marmite à pression.

Plat de légumes moyennement cher.
**Préparation :** 10 minutes.
**Cuisson :** 15 minutes + 10 minutes.
**Valeur énergétique :** 320 à 350 calories/portion (selon la grosseur des pommes de terre).

## NOTES PERSONNELLES

### CONSEIL MÉDICAL ET DIÉTÉTIQUE
Ce plat est intéressant sur le plan nutritionnel, puisqu'il fournit un bon complément protéique et calcique (grâce au roquefort et au fromage blanc). Tout indiqué pour les sujets en croissance, notamment les adolescents.

### A ÉVITER
Dans le régime hyposodé (sans sel), pauvre en graisse, hypocalorique (amaigrissant). En cas de traitement par I.M.A.O. et d'allergie à l'histamine (à cause du roquefort).

Pour conserver ces fiches, découpez en suivant les pointillés.

***C.*** En 130 mots, écrivez un dialogue entre deux ami(e)s dont les habitudes alimentaires sont totalement différentes.

***D.*** En 160 mots, racontez quel type de cuisine vous préférez et expliquez si vous êtes satisfait(e) de votre alimentation.

***E.*** En 200 mots, composez un essai dans lequel vous imaginez comment sera notre alimentation dans 50 ans. Expliquez ce que vous en pensez.

# Les études universitaires

CHAPITRE

# A SAVOIR

## L'ENSEIGNEMENT SUPERIEUR

le restaurant universitaire
le campus
le foyer des étudiants
le dossier d'inscription
le diplôme
le département
l'enseignant(e) = le professeur
l'examen (*m.*) = le test
le concours
l'auditeur(-trice) libre
l'examinateur(-trice)
le stage        *internship*
le doctorat
le cours magistral        *lecture*
la résidence universitaire = la cité u.
la carte d'étudiant
la cafétéria
la discipline
la bourse d'études        *grant, scholarship*
la filière        *path, career*
la formation        *training*
la spécialisation
la candidature        *application*
la note
la carrière        *career*
la licence (trois ans)
la maîtrise (quatre ans)

---

universitaire
titulaire de        *holder of*
obligatoire ≠ facultatif(-ive)
théorique ≠ pratique
politique
pédagogique
technologique
salarié

culturel(le)
admis ≠ recalé        *passed ≠ failed*
indulgent ≠ sévère
scientifique
juridique
économique
administratif(-ive)
chômeur(-euse)        *jobless*

retirer un dossier        *to get an application*
payer les droits d'inscription
se renseigner sur        *to inquire about*
passer un examen        *to take an exam*
réussir à ≠ *rater = échouer à
faire un stage
*bûcher = *potasser (pour un test)        *to cram*

s'inscrire à        *to enroll, to register*
choisir une filière
suivre un cours
*sécher un cours        *to skip a class*
terminer ses études

---

■ * Mots d'argot

# PRATIQUONS!

**A.** A quoi vous font penser les mots ou l'expression qui suivent?

1. le diplôme
2. le stage
3. le campus
4. l'examen
5. le dossier
6. le cours magistral

**B.** Donnez un synonyme pour chaque mot ou expression ci-dessous et employez-le dans une phrase.

1. le test
2. le professeur
3. la résidence universitaire
4. bûcher

**C.** Donnez le contraire de chaque mot ou expression ci-dessous et employez-le dans une phrase.

1. obligatoire
2. admis
3. pratique
4. indulgent
5. réussir à

**D.** Quel lien logique voyez vous entre les mots et expressions ci-dessous? Utilisez-les dans des phrases.

1. le concours
2. retirer un dossier
3. le candidat
4. payer les droits d'inscription
5. s'inscrire
6. potasser

**E.** Définissez les mots et expressions qui suivent.

1. l'examinateur
2. sécher un cours
3. un cours facultatif
4. le foyer des étudiants
5. l'auditeur libre
6. salarié

**F.** Quelle est la différence entre:

1. le baccalauréat et la licence?
2. le dossier d'inscription et les droits d'inscription?
3. un salaire et une bourse?

**G.** Récrivez la lettre suivante en remplaçant les mots en italique par des synonymes appropriés.

Chers tous trois,
Je suis arrivé ici lundi dernier. Je vous écris de ma chambre à *la cité u*. J'aime beaucoup le campus, mais je déteste *la cafétéria*! Heureusement, j'ai rencontré des gens très sympathiques ici au *centre de rencontres des étudiants*. Je crois que je vais pouvoir *bûcher* avec eux pour mes *tests*. Les *profs* de la *section* d'anglais sont très gentils aussi, je trouve. Bon, je vous laisse parce qu'il faut que j'aille étudier à la bibliothèque.
Grosses bises,
*Adrien*

## I - CENTRE EXPÉRIMENTAL D'ÉTUDE DE LA CIVILISATION FRANÇAISE

| COURS | REMARQUES | NOMBRE D'HEURES PAR SEMAINE | SANCTION DES ÉTUDES |
|---|---|---|---|
| **D1**<br>Préparation au **MAGISTÈRE** de **LANGUE** et **CIVILISATION FRANÇAISES**<br>(trois sessions de début septembre à mi-août) | Réservée aux étudiants titulaires de l'équivalence de deux années d'Université française, ayant une très bonne connaissance du français. | **20 heures** | Magistère de langue et civilisation françaises, réservé aux étudiants étrangers.<br>(Rédaction et soutenance d'un mémoire de 50 pages). |
| **D2**<br>**SECTION UNIVERSITAIRE ANNUELLE**<br>(option littéraire ou économique*) | Réservée aux étudiants ayant le niveau d'une 1ère année d'Université française et une bonne connaissance du français. | Total proposé : 32 heures<br>**Minimum exigé : 18 h**<br>- Conférences | Diplôme d'Étude de Civilisation française, Section Universitaire Annuelle. (Rédaction et soutenance d'un mémoire de 50 pages). |
| **D3**<br>**SECTION UNIVERSITAIRE SEMESTRIELLE**<br>(option littéraire ou économique*) | Réservée aux étudiants ayant l'équivalence du baccalauréat et une bonne connaissance du français. | - Séminaires<br>- Travaux dirigés<br>- Phonétique en laboratoire. | Diplôme d'Étude de Civilisation française, Section Universitaire Semestrielle. |

Pour le CENTRE, demander le programme détaillé et un formulaire spécial de pré-inscription.

*Université de Paris-Sorbonne*

**Commentons cette brochure!**

Quel cours pourriez-vous suivre si vous parliez très bien français? Etes-vous intéressé(e) par les cours proposés par cette brochure? Pourquoi ou pourquoi pas?

**H.** Donnez les adjectifs qui correspondent aux noms suivants.

1. la pédagogie
2. l'université
3. la science
4. la culture
5. l'obligation
6. l'administration
7. l'admission
8. la politique
9. l'économie
10. la théorie
11. le droit
12. le salaire

**I.** *Devinettes*. Devinez le mot ou l'expression évoqué par les définitions suivantes.

1. Je suis un diplôme que l'on obtient à la fin de la quatrième année d'études à l'université.
2. Je suis un document prouvant l'identité d'une personne qui étudie à l'université.
3. C'est l'action de se spécialiser dans une certaine discipline.
4. C'est l'endroit où les étudiants mangent.
5. C'est une période d'études pratiques (dans une entreprise, par exemple).
6. C'est la somme d'argent donnée à un(e) étudiant(e) pour l'aider à poursuivre ses études.

## ACTIVITÉ 1 — Choisir une filière

**QUESTION AVANT LA LECTURE**

Avez-vous déjà choisi une filière? Si oui, dites laquelle et expliquez pourquoi. Sinon, pour quelles raisons?

**STRATEGIE DE LECTURE**

1.  Lisez une fois le schéma des études universitaires françaises et la liste des diplômes préparés à l'université de Paris X en vous aidant des définitions qui suivent.
2.  Dites en quoi le schéma général des études françaises est différent de celui des études dans une université américaine.

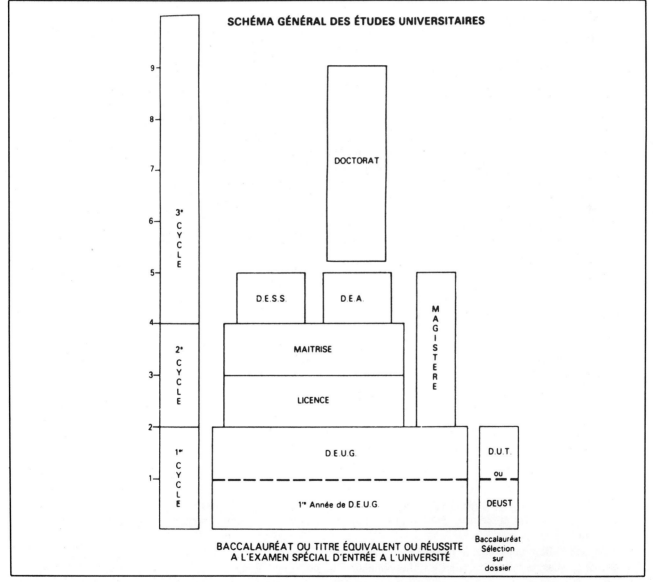

SCHÉMA GÉNÉRAL DES ÉTUDES UNIVERSITAIRES

*Université de Paris X*

**D.E.U.G.:**   Diplôme d'études universitaires générales

**D.U.T.:**   Diplôme universitaire de technologie

**D.E.U.S.T.:**   Diplôme d'études universitaire de sciences et techniques

**D.E.S.S.:**   Diplôme d'études supérieures spécialisées (une année de formation et de spécialisation qui doit permettre une insertion professionnelle dans un secteur d'activités précis)

**D.E.A.:**   Diplôme d'études approfondies (une année de formation à la recherche qui prépare au doctorat)

**magistère:**   Diplôme d'université à finalité professionnelle qui se prépare en trois ans et qui permet une formation spécialisée et de haut niveau

**doctorat:**   Préparation d'une thèse pendant trois ou quatre ans

## DIPLÔMES PRÉPARÉS A PARIS X

- EXAMEN SPÉCIAL D'ENTRÉE À L'UNIVERSITÉ « A»
- CAPACITÉ EN DROIT

**DIPLÔMES DE PREMIER CYCLE : D.E.U.G.**
- ADMINISTRATION ÉCONOMIQUE ET SOCIALE (A.E.S.)
- ALLEMAND
- ANGLAIS
- COMMUNICATION ET SCIENCES DU LANGAGE – SECTION SCIENCES DU LANGAGE
- DROIT
- DROIT – SPÉCIALISATION LANGUE VIVANTE ÉTRANGÈRE :
  - ANGLAIS
  - ALLEMAND
  - ESPAGNOL
  - ITALIEN
  - RUSSE
- ESPAGNOL
- GÉOGRAPHIE
- HISTOIRE
- HISTOIRE – SPÉCIALISATION ETHNOLOGIE
- HISTOIRE DES ARTS

- ITALIEN
- LANGUES ÉTRANGÈRES APPLIQUÉES (L.E.A.)
- LETTRES ET ARTS SECTION LETTRES
- MATHÉMATIQUES APPLIQUÉES ET SCIENCES SOCIALES (MASS)
- PHILOSOPHIE
- PORTUGAIS
- PSYCHOLOGIE
- RUSSE
- SCIENCES ÉCONOMIQUES
- SCIENCES ÉCONOMIQUES : - SPÉCIALISATION LANGUE VIVANTE ÉTRANGÈRE :
  - ANGLAIS
  - ALLEMAND
  - ESPAGNOL
  - ITALIEN
  - RUSSE
- SCIENCES & TECHNIQUES DES ACTIVITÉS PHYSIQUES ET SPORTIVES (STAPS)
- SOCIOLOGIE

*Université de Paris X*

---

**REPONDONS!**

1. De tous ces diplômes, quels sont ceux qui vous tenteraient le plus? Pourquoi?
2. Voyez-vous des différences entre ces diplômes et ceux que vous pouvez préparer dans l'université de votre choix?
3. Quelle filière vous tente le moins? Pour quelle raison?
4. Lesquelles de ces filières sont les plus populaires de nos jours? Pourquoi?

# S'inscrire à l'université

## QUESTIONS AVANT LA LECTURE

1. En général, que faut-il faire pour s'inscrire dans une université américaine?
2. Avez-vous eu des problèmes pour vous inscrire à votre université? Si oui, dites lesquels. Sinon, dites ce que vous pensez du système américain.

## STRATEGIE DE LECTURE

1. Lisez le texte qui suit une fois en entier.
2. Remplacez les mots en italique par des expressions synonymes trouvées dans le texte.
   a. Tout étudiant qui *possède* le baccalauréat français peut être admis à l'université.
   b. Il ne peut y être admis que *s'il y a assez de place.*
   c. Les *étudiants qui sont titulaires du baccalauréat* doivent retirer un dossier d'inscription en juillet.
   d. Ils doivent présenter un *papier qui prouve où ils habitent* et une carte d'identité *qui n'est pas expirée.*
   e. Ceux qui ont obtenu leur bac *avant* 1989 doivent retirer leur dossier en juin.

*PREMIÈRE PARTIE*        *ADMISSION, INSCRIPTIONS ET SCOLARITÉ*

**A – PREMIÈRES INSCRIPTIONS ADMINISTRATIVES A PARIS X AVEC :** | 1) Baccalauréat :

• Tout étudiant français ou étranger titulaire du baccalauréat français, obtenu dans l'une des trois académies de la région Ile-de-France, et n'ayant jamais été inscrit dans une université française, peut être admis à l'Université de PARIS X **dans la limite des capacités d'accueil.**

Les bacheliers doivent retirer un dossier d'inscription dès les résultats du Bac en juillet avec :

– l'original de la collante (relevé de notes) du Bac + l'original du diplôme pour les bacheliers des années antérieures ;

– une attestation de domicile en région parisienne (quittance) ;

– le numéro d'I.N.S.E.E. ou de Sécurité Sociale ;

– la carte nationale d'identité ou la carte de séjour en cours de validité.

Le dépôt de dossier se fait à la date indiquée sur le dossier d'inscription.

• Les titulaires d'un baccalauréat obtenu antérieurement à 1989 et n'ayant jamais pris d'inscription dans une université, doivent retirer leur dossier d'inscription en juin avec les pièces indiquées ci-dessus.

• Les candidats se présentant à la session de septembre peuvent retirer dès le mois de juillet un dossier de capacité en droit transformable sur présentation du Bac obtenu en septembre, dans la discipline choisie en juillet.

*Université de Paris X*

**REPONDONS!**

1. De quel diplôme faut-il être titulaire pour pouvoir s'inscrire à l'université en France?
2. Peut-on toujours être assuré de faire ses études dans l'université de son choix? Pourquoi pas?
3. Quand les bacheliers doivent-ils retirer un dossier d'inscription?
4. Quelles différences et quelles similarités voyez-vous entre un dossier d'inscription français et un dossier d'inscription américain?
5. Est-il difficile de s'inscrire dans une université américaine? Expliquez.

**Diplômes sans frontières**

LECTURE

**QUESTIONS AVANT LA LECTURE**

1. A quoi vous fait penser ce titre?
2. Regardez le dessin de la page suivante pendant quelques minutes, puis essayez de déterminer de quoi traite ce texte.

**INTRODUCTION**

Le texte qui suit montre comment la création du grand marché européen de 1992 a transformé l'enseignement supérieur en Europe et la vie professionnelle d'un grand nombre de jeunes diplômés.

Les diplômes obtenus au-delà du bac + 3 seront désormais équivalents dans les 12 pays de la Communauté. Bravo ! Mais encore faut-il parler la même langue. Et, là, le constat est cruel : nos futurs Europe-trotters ne sont pas très polyglottes. Les Italiens ont droit au bonnet d'âne : 76 % d'entre eux ne parlent que... l'italien. Les Britanniques auraient également quelques efforts à faire, même si l'anglais est, de loin, la langue la plus parlée dans la CEE : 35,5 % des Européens le pratiquent, pour 26,5 % le français, 25,2 % l'allemand, 19,3 % l'italien et 13,6 % l'espagnol. En France, 4 millions de lycéens ont choisi l'anglais comme première langue, 570 000 l'allemand et 48 500 l'espagnol.

*L'Express International*, 8 juillet 1988

# Diplômes sans frontières

Dès 1990, les avocats allemands ou espagnols pourront ouvrir un **cabinet** en *bureau*
France, les ingénieurs ou les géomètres français travailleront, s'ils le désirent, au
Portugal ou en Grande-Bretagne: tout citoyen européen titulaire d'un diplôme
universitaire délivré après trois ans d'études supérieures aura le droit d'exercer sa
profession dans n'importe quel pays de la Communauté. De Dublin à Athènes, les
frontières des diplômes seront abolies . . .

Les ministres des Douze, en signant cette directive, ont franchi une **étape** ca- *stage*
pitale vers la construction du grand marché européen. Aucun de ces états ne
pourra, à l'avenir, refuser d'accueillir un diplômé en prétextant une qualification
insuffisante, sous peine de se voir traîner devant la Cour de justice européenne.

Demeurent, cependant, quelques difficultés pour les modalités d'application:
ainsi, un avocat français voulant plaider au Royaume-Uni ne peut ignorer les
particularités du droit britannique. Chaque gouvernement pourra donc **exiger**, *demand*
pour ces professions réglementées, un stage d'adaptation ou un test d'aptitude.
Histoire de se protéger contre une invasion sauvage d'incompétents!

Va-t-on assister à de vastes migrations d'avocats ou d'ingénieurs d'un pays à
l'autre? C'est peu probable, **compte tenu** des barrières linguistiques et culturelles. *in view of*

L'Europe des professions, c'est bien, mais c'est pour l'Europe des étudiants que
nous devrons nous mobiliser, commente le **bouillant** recteur de l'université de *impétueux*
Paris, Hélène Ahrweiler. Il faut que chaque jeune puisse commencer ses études à
Paris, les poursuivre à Londres et les achever à Rome ou à Francfort. En principe,
le programme Erasmus devrait permettre à 10% des 6 millions d'étudiants européens d'effectuer, en 1992, une partie de leurs études dans un pays autre que le
leur, grâce à des bourses financées par la Communauté. Mais le budget d'Erasmus
se révèle très insuffisant.

De son côté, en créant l'Université de l'Europe, dont elle assure la présidence,
Hélène Ahrweiler **entend** promouvoir la recherche européenne à haut niveau. *veut*
Cette université «hors les murs» accueillera, à travers un réseau européen de
laboratoires **de pointe**, un petit nombre d'étudiants de troisième cycle qui décro- *high-tech*
cheront le titre pompeux de «docteur européen». L'Europe se construit aussi par
des symboles . . .

Extrait et adapté d'un article de *l'Express International*

---

REPONDONS!

1. En quoi peut-on dire que les frontières des diplômes ont été abolies?
2. Quelles mesures chaque gouvernement devra-t-il prendre pour éviter une «invasion sauvage d'incompétents?»
3. Pourquoi est-il peu probable que les jeunes diplômés migrent d'un pays à l'autre en grand nombre?
4. Qu'est-ce que le programme Erasmus?
5. Qui pourra obtenir le titre de «docteur européen?»
6. Que pensez-vous de cette Europe des professions?
7. Quels pourraient en être les inconvénients?
8. Selon vous, quels avantages y a-t-il à étudier dans un pays étranger?

---
**DISCUTONS UN PEU!**
---

1. Quelle est la discipline qui vous tente le plus? Pourquoi?
2. Après avoir terminé vos études au lycée, que devez-vous faire pour entrer à l'université? Trouvez-vous cela nécessaire?
3. Selon vous, quels avantages y a-t-il à suivre un cours en auditeur(-trice) libre?
4. En France, les étudiants salariés peuvent choisir entre deux systèmes de vérification de connaissances: le contrôle continu ou un seul examen final. Que choisiriez-vous? Pour quelles raisons?
5. A votre avis, quelles sont les filières qui offrent le plus de débouchés de nos jours? Lesquelles n'offrent que des débouchés très limités?
6. Selon vous, est-il important qu'il existe un foyer d'étudiants sur chaque campus? Pourquoi?

---
# ÉTUDIANTS, ÉTUDIANTES, L'AVENIR EST AUX PROFS. ENSEIGNEZ, JEUNESSE !

### MINISTÈRE DE L'ÉDUCATION NATIONALE, DE LA JEUNESSE ET DES SPORTS.
---

**Commentaire sur la publicité** A qui s'adresse cette publicité? Quel est son but? Qu'en pensez-vous?

7. Que pensez-vous des stages?
8. Quelles différences voyez-vous entre l'enseignement dans un lycée et l'enseignement supérieur? La transition entre les deux a-t-elle été difficile pour vous? Pourquoi?
9. Qu'est-ce qui vous plaît le plus dans la vie universitaire? Qu'est-ce qui vous déplaît le plus?
10. Pensez-vous qu'une formation universitaire soit nécessaire pour réussir dans la vie? Expliquez.

---
**METTONS-NOUS EN SITUATION!**
---

## A. MISE EN SCENE

Les activités qui suivent sont de petites scènes à jouer en classe pendant cinq minutes.

1. Un(e) camarade de classe et vous avez l'intention de vous inscrire à l'université. Vous vous rendez au service des inscriptions et demandez à l'employé(e) — un(e) autre camarade — des renseignements et des conseils pour remplir votre dossier d'inscription.
2. Plusieurs ami(e)s discutent de leur premier jour à l'université. Certain(e)s sont content(e)s, d'autres peu satisfait(e)s. Imaginez leur conversation.
3. Le recteur de l'université vous convoque dans son bureau parce que vos notes sont très mauvaises. Imaginez cette scène dans laquelle vous réussissez à vous justifier.

## B. TABLES RONDES

Tous les étudiants de la classe commentent tour à tour les sujets suivants.

### Expressions utiles à la discussion

- **tu as raison** *you are right*
- **je pense que tu as tort** *I think you are wrong*
- **tu te trompes = tu as tort** *you are wrong*

1. Inégalités de chance à l'université
2. Rapports entre les professeurs et les étudiants
3. Rapports entre l'administration et les étudiants
4. Vie sociale et vie universitaire

## C. ENQUETE

Un groupe d'étudiants fait une enquête auprès d'autres étudiants sur le sujet suivant:

**Etes-vous satisfait(e) de votre situation d'étudiant(e)? Quels sont vos problèmes, vos sources de satisfaction? Comment la vie sur ce campus (dans cette école) pourrait-elle être améliorée?**

Organisez les réponses obtenues, puis présentez-les au reste de la classe qui commentera.

## D. EXERCICE DE GROUPE

Toute la classe divisée en trois groupes prépare, en classe, un bref exposé oral décrivant la journée typique d'un(e) étudiant(e) américain(e).

## E. AMALGAME

La classe se divise en trois groupes chargés de trouver un article de magazine français ayant trait au système universitaire français. Avant de venir en classe, les étudiants de chaque groupe devront:

- discuter de cet article avec les membres de leur groupe.
- être capables de le résumer ou de le commenter oralement.

En classe, les étudiants devront:

- présenter l'article choisi par leur groupe.
- répondre aux questions des autres groupes sur leur article.
- commenter les articles choisis par les autres groupes.

Vous pouvez trouver de tels articles dans les magazines français suivants: *Le Point*, le *Nouvel Observateur* et le *Figaro-Magazine*.

### SOYONS CREATIFS!

*Writing Tips:* STAGES IN WRITING

When writing, always follow these guidelines.

- ☐ **Concentrate on the topic.** Do you need to gather material to write this paper, or can you just use your own experience?
- ☐ **Organize your essay.** No matter how short your essay is, it needs to be organized. Jot down your ideas as they come to mind. Then make a plan outlining the main ideas *before* you begin to write. A well-articulated essay should always feature an introduction, a body, and a conclusion.
- ☐ **Write the first draft.** Leave it aside for some time if you can, and then go back to it.
- ☐ **Revise your essay.** See tips for revision in Chapters 9 through 12.

*A.* Expliquez, en 60 mots, ce que vous attendez de vos études à l'université.

*B.* En 100 mots, écrivez un dialogue entre deux ami(e)s dans lequel chacun(e) explique quelle filière il(elle) a choisie et pourquoi.

*C.* En 150 mots, rédigez une conversation entre trois étudiant(e)s qui viennent de sortir d'un examen.

*D.* Ecrivez un essai de 200 mots dans lequel vous racontez votre première semaine à l'université.

# La vie sportive

# A SAVOIR

| DISCIPLINE | EQUIPEMENT | LIEU |
|---|---|---|
| le ski | les skis, les bâtons | la piste |
| le football | le ballon | le stade |
| le basket-ball | le ballon | le terrain de basket |
| le volley-ball | le ballon | le terrain de volley |
| le tennis | la raquette, la balle | le court |
| le golf | la canne, la balle | le parcours |
| la natation | le maillot, le bonnet | la piscine |
| l'équitation (*f.*) | la selle, les bottes | le manège |
| la gymnastique | les agrès   *apparatus* | le gymnase |
| la boxe | les gants | le ring |
| le tir à l'arc | l'arc (*m.*), les flèches (*f.*) | le champ de tir |
| le hockey sur glace | la crosse, le palet | la patinoire |
| le patinage | les patins à glace | la piscine |
| la plongée sous-marine | le masque, le tuba, les palmes | |

## LA COMPETITION

les Jeux (*m.*) Olympiques
le championnat

le (la) champion(ne)
le tournoi (de tennis, de tennis de table)
le match (de football)
l'entraîneur(-euse)   *coach*
l'équipe (*f.*)   *team*
la partie (de tennis)
la finale
la musculation   *bodybuilding*
la médaille (d'or, d'argent, de bronze)

sportif(-ive)   *athletic*
entraîné
fort ≠ faible
individuel(le) ≠ d'équipe

olympique
perdant ≠ gagnant
musclé
disqualifié

nager = faire de la natation
patiner = faire du patin à glace
tirer à l'arc
jouer au tennis, au football
faire du surf, de la plongée
battre = vaincre = gagner ≠ perdre
s'entraîner
faire du sport

skier = faire du ski
boxer = faire de la boxe
faire de la course à pied
faire du hockey
jouer au golf
s'échauffer   *to warm up*
se maintenir en forme   *to stay in shape*
tricher   *to cheat*

# PRATIQUONS!

**A.** Quel est le contraire des mots et expressions ci-dessous? Employez chaque contraire dans une phrase.

**1.** fort          **2.** perdre          **3.** gagnant          **4.** un sport individuel

**B.** Donnez un synonyme pour chaque mot ou expression ci-dessous et employez-le dans une phrase.

1. nager
2. patiner
3. boxer
4. courir
5. vaincre
6. garder la forme

**C.** A quoi vous font penser les mots suivants?

1. le tournoi
2. la plongée sous-marine
3. le stade
4. le ballon
5. la médaille

**D.** Définissez les mots suivants.

1. le (la) champion(ne)
2. l'entraîneur(-euse)
3. l'équipe

**E.** Quelle est la différence entre:

1. la natation et la plongée sous-marine?
2. patiner et jouer au hockey?
3. une équipe perdante et une équipe disqualifiée?

**Répondons!**
Quel genre d'endroit est le club Forest Hill?
Aimeriez-vous faire partie de ce club?
Pourquoi ou pourquoi pas?

## C'est la gymnastique et la musculation !

3 salles pour la gymnastique, le stretching, l'aérobic, la danse, etc.
1 salle de musculation.
Toute la place, toute votre place pour bouger, respirer, vous étendre, vous détendre.

## C'est le tennis !

8 courts en résine synthétique.
Rafraîchis en été, chauffés en hiver.

## C'est le squash et le racquetball !

3 courts de squash, 5 courts de racquetball.

## C'est le sauna, le hammam, le jacuzzi, la cabine d'eucalyptus

Le temps de la détente après le sport.

*Formules d'inscription adaptées à votre emploi du temps et à votre budget : au coup par coup, au mois, à l'année.

## C'est une piscine, un club-house, 2 restaurants !

Le temps de la détente après le sport.

**La Défense, à 300 m de la Préfecture de Nanterre, direction La Garenne-Colombes. RER Nanterre-Préfecture - Autobus 305. 85, av. Arago, 92000 Nanterre.**

Club **FORESTHILL**

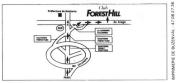

IMPRIMERIE DE BUZENVAL - 47.08.27.36

**c'est au 47 29 91 91**

**F.** Quels points communs y a-t-il entre:

1. jouer au basket et jouer au volley?
2. s'entraîner et jouer au football?
3. faire de la gymnastique et jouer au volley-ball?

**G.** Répondez!

1. Quelles disciplines sportives utilisent:
   a. un ballon?
   b. une balle?
   c. une raquette?
   d. des bâtons?
   e. des gants?
   f. un animal?

2. A quels sport peut-on se livrer:
   a. sur un stade?
   b. dans une patinoire?
   c. sur un ring?
   d. dans un gymnase?
   e. sur une piste?
   f. sur un court?
   g. dans un manège?
   h. sur un parcours?

**H.** Lisez les définitions données et choisissez dans la liste ci-dessous les mots qui correspondent à ces définitions.

la patinoire                                    la natation
le tournoi                                      la plongée sous-marine

1. Pour pratiquer ce sport, il faut porter un masque sous l'eau.
2. Pour ce sport on porte un maillot et quelquefois un bonnet.
3. C'est l'endroit où se pratiquent le hockey sur glace et le patinage artistique.
4. C'est une compétition sportive de tennis.

**I.** Complétez!

1. A la mer, on peut se livrer à de nombreuses activités sportives. On peut faire du _____ nautique, de la _____ sous-marine, de la _____ et de la _____ .
2. Avec son arc, un tireur tire des _____ .
3. En équitation, un cavalier doit toujours porter des _____ et son cheval porte générale- ment une _____ .
4. L'équipement d'un plongeur comprend le _____ , le _____ et les _____ .
5. Un champion doit s' _____ plusieurs fois par semaine.
6. Pour se maintenir en _____ il est bon de faire du sport.
7. Avant de pratiquer une activité physique, il est préférable de s' _____ .
8. Les mauvais joueurs _____ quelquefois pour gagner.

**J.** *Devinettes.* Devinez le mot ou l'expression évoqués par les définitions suivantes.

1. Je suis une personne dont la profession est de préparer physiquement les sportifs à une compétition.
2. Je représente un groupe de joueurs.
3. Nous sommes de petits objets métalliques qui symbolisons la victoire d'une personne dans une compétition sportive.
4. Ce mot décrit une personne qui a fait de la musculation.

**K.** Ecrivez le nom de la discipline sportive représentée par chacun des symboles suivants.

**L.** Dans l'exercice ci-dessous, rendez à chaque sportif son équipement.

**Sportifs**

1. le nageur
2. le cavalier
3. le patineur
4. le joueur de golf
5. le joueur de tennis
6. le boxeur
7. le plongeur
8. le tireur
9. le skieur
10. le footballeur

**Equipements**

a. les patins à glace
b. les palmes
c. la selle
d. le maillot de bain
e. les gants
f. la canne
g. la raquette
h. le ballon
i. l'arc
j. les bâtons

*L'Equipe Magazine,* 21 octobre 1989

# ACTIVITE 1

## Un mec gonflé

### QUESTIONS AVANT LA LECTURE

1. Faites-vous de la musculation? Si oui, dites combien de fois par semaine et pourquoi vous en faites. Sinon, expliquez vos raisons.
2. A quelles activités sportives vous livrez-vous en général sur la plage?

### STRATEGIE DE LECTURE

La bande dessinée qui suit contient des mots familiers et argotiques très courants dans la conversation française. Etudiez la liste suivante avant de lire la bande.

**la minette**  (*fam.*) = la nana (*fam.*) = la fille    **un épaulé-jeté**  *a clean-and-jerk (weightlifting)*
**balaise**  (*fam.*) = fort = musclé    **foutre**  (*vulg.*) = mettre
**se pointer**  (*fam.*) = arriver    **se dégonfler**  (*fam.*) = 1. perdre courage
**ringard**  (*fam.*) = médiocre                     2. perdre son air (ballon)
**le (la) con(ne)**  (*vulg.*) = l'idiot(e)    **viser**  (*fam.*) = regarder
**y mettre le paquet** = faire beaucoup d'efforts    **le mec**  (*fam.*) = le gars (*fam.*) = l'homme
**la gonflette**  (*fam.*) = la musculation    **jurer**  *to swear*

**REPONDONS!**

1. Où se passe cette scène?
2. Que font les gens dans la première image?
3. Que lisent les trois jeunes femmes? Que pensent-elles de ce héros? Que regrettent-elles?
4. Quelle est la réaction de Lucien? Qu'a-t-il l'intention de faire?
5. Que lui dit son prof de musculation?
6. En combien de temps Lucien devient-il musclé?
7. Que pensent les trois jeunes femmes lorsque Lucien arrive sur la plage?
8. Qu'arrive-t-il à Lucien à la fin?
9. En quoi peut-on dire que cette bande dessinée est une critique de la musculation et des gens qui en font?
10. Et vous-même, que pensez-vous de la musculation? Quels en sont, à votre avis, les avantages et les inconvénients?

# ACTIVITE 2

## Prêts pour le ski

**QUESTIONS AVANT LA LECTURE**

1. Quand on passe ses vacances à la montagne, quels sports pratique-t-on en hiver? Et en été?
2. Qu'est-ce qui vous vient à l'esprit quand vous pensez aux sports d'hiver?

**STRATEGIE DE LECTURE**

1. Lisez l'article qui suit une fois sans vous arrêter sur les mots qui vous sont inconnus.
2. Recherchez dans cet article:
   a. cinq noms de vêtements ou d'accessoires nécessaires pour faire du ski.
   b. un synonyme pour chacun des mots suivants:

   • **habillé**      • **large**      • **très content**      • **cher**

# Des conseils à suivre de près

*Le ski réclame un équipement qui permette de résister à la fois au froid, au soleil et aux nombreux efforts.*

*Préférez des vêtements confortables et chauds à un équipement dernier-cri.*

● **L'habillement :** c'est surtout une affaire de saison ! Il vous faudra naturellement être vêtu plus chaudement en janvier ou février que fin avril. Ou un problème de mode ! Une combinaison dernier cri cette année risque de moins bien « passer » la prochaine saison...

● **Prenez des vêtements amples,** ou « élastics », imperméables et antiglisse. Ils facilitent les mouvements et vous protègeront contre le froid. L'un des ensembles les meilleurs marchés : le pantalon et l'anorak K Way (300 francs environ).

● **Protégez bien vos mains** avec de bons gants – en cuir de préférence – ou des moufles en peau ou en nylon fourrées, plus chaudes que les gants et surtout moins chères ! Réimperméabilisez-les régulièrement.

● **Choisissez avec soin vos lunettes** et veillez tout particulièrement à la qualité des verres sur lesquels doit être étiquetée la mention « verres filtrants ». En fin de saison, la luminosité est souvent très forte ! Préférez les lunettes de glacier, munies de protections latérales.

**A noter :** n'hésitez pas à donner aux enfants un masque avec protège-nez (à partir de 60 francs environ) et... un casque pour les plus jeunes. Ils en seront ravis !

● **Le matériel :** il a fait d'é-normes progrès sur le plan de la sécurité. Chaussures, fixations et skis sont aujourd'hui conçus pour apporter le maximum de plaisir et pour entraîner le minimum de risques. Hélas, il demeure relativement coûteux : à partir de 450 francs pour une bonne paire de chaussures et plus de 1000 francs pour des skis et des fixations efficaces. Aussi, la question éternelle « Faut-il louer ou acheter ? » ne se pose vraiment que si vous skiez au minimum un mois par an.

● **Si vous vous adonnez au ski** moins de quinze jours chaque saison, choisissez la formule de la location ou contentez-vous d'acheter une paire de chaussures de ski confortables.

● **Si vous louez en station,** vous aurez l'assurance d'avoir un matériel bien entretenu et pourrez l'échanger sans problème s'il se révèle mal adapté à votre niveau.

● **Si vous louez dans votre ville,** avant le départ, vous bénéficierez de tarifs moins élevés mais, en contre partie, vous aurez la charge de transporter le matériel. Dans le train, c'est un peu encombrant et sur le toit de la voiture, vous devrez prévoir un porte-skis.

**A noter :** le prix moyen de la location d'une paire de skis alpin en station est de 300 francs par semaine, et celui d'une paire de chaussures de 180 francs environ.

*Femme Actuelle*, 3 novembre 1986

---

**REPONDONS!**

1. Que porte-t-on généralement pour faire du ski?
2. Quelle partie du corps doit-on particulièrement protéger? Comment?
3. Quand vaut-il mieux louer des skis? Quand vaut-il mieux en acheter?
4. Pourquoi est-il souvent préférable de louer ses skis dans une station?
5. Que pensez-vous de tous ces conseils? Pourriez-vous en trouver d'autres?
6. Aimez-vous skier? Si oui, dites pour quelles raisons. Sinon, expliquez pourquoi.

# LECTURE

## Le retour de Mark Spitz

### QUESTIONS AVANT LA LECTURE

1. Avez-vous suivi les derniers Jeux olympiques? Quels champions ou championnes vous ont le plus impressionné(e)?
2. Trouvez-vous les Jeux olympiques passionnants ou plutôt ennuyeux? Expliquez.

### STRATEGIE DE LECTURE

1. Lisez le texte une fois en entier.
2. Trouvez dans ce texte des mots de la même famille que les mots suivants:

   • **l'entraînement** (paragraphe 1)
   • **se muscler** (paragraphe 8)
   • **jouer** (paragraphe 1)

3. Dressez la liste des verbes et des expressions du texte qui ont un rapport avec le sport.

INTRODUCTION

Dans l'interview qui suit, un journaliste du magazine l'*Équipe* interroge Mark Spitz, l'ex-champion du monde de natation qui avait remporté sept médailles d'or aux Jeux Olympiques de Munich en 1972 et qui s'était ensuite retiré de la compétition. Or, voilà qu'à 39 ans, Mark Spitz a décidé de replonger . . .

# Le retour de Mark Spitz

L'ÉQUIPE:    Alors c'est sérieux, vous vous entraînez pour les Jeux Olympiques de Barcelone?

MARK SPITZ:    Absolument! J'ai commencé à y penser il y a six mois.

L'ÉQUIPE:    Vous avez gagné neuf médailles, vous avez une bonne vie, ici, à Los Angeles. Pourquoi à 39 ans reprendre l'entraînement alors que depuis votre «**retraite**» vous n'avez même pas nagé dans votre jardin?    *retirement*

SPITZ:    C'est vrai, je ne nage pas chez moi parce que pour nager il faut avoir une raison. Ce n'est pas comme le tennis. Aujourd'hui, ma raison c'est de faire quelque chose qui n'a encore jamais été fait. Maintenant, je lance un **pari** intéressant: faire    *bet*
au moins aussi bien, en temps, à Barcelone qu'à Munich sur 100 mètres **papillon**.    *butterfly stroke*

L'ÉQUIPE:    Mais vous êtes vieux pour un sportif!

SPITZ:    Non! Je sens que mon corps est bien plus fort aujourd'hui. Quand j'avais 22 ans, je n'étais pas encore arrivé à complète maturité. Et à mon époque, je crois que j'étais surentraîné. Aujourd'hui les jeunes nagent à peu près 20 pour cent de moins que moi. Avant de faire mon come-back, j'imaginais que mon entraînement ne pourrait pas être moins intensif qu'il y a 17 ans. Mais, depuis que je m'entraîne, je découvre que cela va être moins dur à l'entraînement. Six kilomètres par jour au lieu de 12 à 14. Pour moi, c'est un **sacré** avantage psychologique.    *énorme*

L'ÉQUIPE:    Depuis 17 ans, comment vous êtes-vous maintenu en forme?

SPITZ:    Je n'ai jamais pris de poids. Peut-être même que de n'avoir pas nagé pendant 17 ans m'a aidé: je ne suis pas complètement brûlé. C'est si excitant de retourner dans l'eau aujourd'hui. Ce n'est pas comme Kareem Abdul Jabbar qui, depuis l'âge de 4 ans, a joué au basket. Il a joué jusqu'à 42 ans sans s'être jamais arrêté. Il a tiré et tiré sur son corps. Aujourd'hui, c'est si agréable de penser à ce qui m'attend: une épreuve, un jour, 100 mètres et c'est terminé. Facile! Encore une fois, je vais me préparer intensément, mais psychologiquement c'est tellement plus facile. C'est pour ça que je fais ce pari. Il n'y a que moi qui puisse le faire. Je dois saisir cette chance. Je n'ai rien à perdre.

L'ÉQUIPE:    Avez-vous commencé à vraiment vous entraîner?

SPITZ:    J'ai commencé il y a deux mois, de façon passive. Je me suis mis à l'eau dans la piscine de mon jardin, 30 minutes par jour, histoire de faire des mouvements de jambes, et de nager un peu, avant de me décider à faire quelque chose de façon vraiment régulière. C'était une façon de dire: «Je vais me mettre à l'eau tous les jours, du lundi au vendredi.» Je ne nage pas le week-end. Un mois après, je suis monté à une heure d'entraînement par jour. Ensuite, je suis allé à Hawaii pendant trois semaines, j'ai nagé une heure tous les matins, et j'ai fait du body-surf tous les après-midi pendant deux heures. Quand je suis revenu en septembre, pendant deux semaines j'ai fait de la musculation et pas de piscine. Il y a une semaine, je me suis remis à l'eau, et j'ai commencé à nager. Aujourd'hui, je m'entraîne deux heures et demie par jour. Je dois dire que je suis vraiment fatigué le soir après ces entraînements. Je dois dormir beaucoup plus que je ne le faisais par le passé.

L'ÉQUIPE:    Que des athlètes soient payés des sommes énormes, est-ce que cela vous gêne?                                                                                                *bother*

SPITZ:    Au contraire, je pense que c'est super. Dans n'importe quel sport, le niveau d'excellence se juge aux sommes d'argent que vous touchez. L'argent c'est le dénominateur commun de l'excellence dans le sport.

L'ÉQUIPE:    Combien valez-vous aujourd'hui?

SPITZ:    Plus que quand j'avais 22 ans, c'est tout ce que je peux dire!

Extrait et adapté d'un article de *l'Equipe Magazine*

---

## REPONDONS!

1.  Quelle est la spécialité de Mark Spitz?
2.  Quelles sont ses intentions?
3.  Pourquoi est-ce un pari stupéfiant?
4.  Quelles différences voyez-vous entre Mark Spitz et Kareem Abdul Jabbar?
5.  Comment s'est-il maintenu en forme depuis 1972?
6.  En quoi consiste son entraînement?
7.  Quel rapport Mark Spitz voit-il entre le sport et l'argent?
8.  Qu'est-ce qui le motive?
9.  Que pensez-vous du pari de cet ex-champion?
10. Etes-vous aussi d'avis que l'argent est le «dénominateur commun de l'excellence dans le sport »?

---

## DISCUTONS UN PEU!

1.  Préférez-vous les sports d'équipe ou les sports individuels? Pourquoi?
2.  Quel rôle le sport joue-t-il dans votre vie personnelle? Expliquez.
3.  Qu els sports vous semblent les plus difficiles à pratiquer? Pour quelles raisons?
4.  Que pensez-vous de cette phrase célèbre: « l'important ce n'est pas de gagner, c'est de participer. »
5.  Quel est l'intérêt des Jeux olympiques? Devrait-on les supprimer? Qu'en pensez-vous?
6.  Que pensez-vous des sports que l'on peut pratiquer dans votre école ou sur votre campus?
7.  A votre avis, quelles qualités un(e) champion(ne) devrait-il (elle) avoir? Et un(e) entraîneur(-euse)?
8.  Quels liens existe-t-il entre le sport et la santé selon vous?
9.  Que pensez-vous du fait que certains joueurs professionnels gagnent plus d'argent que des médecins ou des professeurs? Est-ce justifié? Expliquez votre position.
10. Enviez-vous les joueurs professionnels? Pourquoi ou pourquoi pas?

---

## METTONS-NOUS EN SITUATION!

### A.  MISE EN SCENE

Les activités suivantes sont de petites scènes à jouer en classe pendant cinq minutes.

1.  Un(e) camarade de classe et vous jouez le rôle de deux étudiant(e)s qui viennent de terminer leur premier cours de sport. L'un(e) a choisi la natation, l'autre le tennis. Tous (toutes) deux discutent de leurs expériences (bonnes ou mauvaises).

2.  Un ex-champion de natation tente de décourager sa fille (son fils) de faire de la compétition. Tous deux s'expliquent.

3. Le (la) responsable d'un club de sport et de mise en forme tente de vous persuader de vous y inscrire en vous parlant de tous les sports et activités que vous pouvez y faire. Vous semblez intéressé(e), mais refusez à cause du prix.

## B. TABLES RONDES

Tous les étudiants de la classe commentent tour à tour les sujets suivants.

### Expressions utiles à la discussion

- **C'est stupide**
- **C'est insensé = ça n'a pas de sens**
- **Tu plaisantes!** *you're kidding!*

1. Le sport à l'école
2. Le sport et la violence

## C. SONDAGE

Avec deux camarades de classe, faites un sondage dans votre école ou sur votre campus sur le sujet suivant:

**Pratiquez-vous un sport? Si oui, lequel et pourquoi? Sinon, pourquoi pas?**

Rassemblez toutes les réponses et présentez-les clairement au reste de la classe qui commentera.

## D. PRESENTATION ORALE

Trois étudiants recherchent des documents sur les derniers Jeux Olympiques, puis préparent un rapport dans lequel ils indiqueront:

- le lieu, la date et le nombre de pays participants.
- le nombre de médailles gagnées par les Etats-Unis et dans quelles disciplines.
- le nombre de médailles gagnées par la France et dans quelles disciplines.

Pendant qu'ils présenteront ce rapport oralement en classe, toute la classe prendra des notes. Une discussion suivra.

### SOYONS CREATIFS!

*Writing Tips:* WRITING THE FIRST DRAFT

- ☐ The introduction and the conclusion should each make up about one fifth of your paper; the body should account for three fifths.
- ☐ The organization and content will vary according to the topic. In this book, you will find four main categories of essays (each illustrated here with a sample topic).

1. Descriptive papers: Décrivez votre campus en 150 mots.
2. Narrative papers: Racontez votre première semaine à l'université.
3. Research papers: Expliquez les différences entre le système universitaire français et le système universitaire américain.
4. Argumentative papers: Le cursus obligatoire (*requirements*): Etes-vous pour ou contre?

The Writing Tips in Chapter 7 provide more details.

*A.* En 60 mots, achevez le dialogue suivant à votre manière.

ISABELLE:   Il faut que je m'inscrive à un cours de sport ce semestre. Mais je ne sais vraiment pas quoi choisir! Tu as une idée, toi?

MARC:   Moi, je pense que je vais prendre des cours de tennis. J'en ai déjà fait un peu. C'est pas mal. Pourquoi tu ne t'inscris pas avec moi?

ISABELLE:   Oh! Je ne sais pas. Ça ne me tente pas beaucoup. Je préfère les sports individuels. En plus, je n'aime pas beaucoup me fatiguer.

MARC:   . . .

*B.* En 90 mots, écrivez un dialogue entre un(e) athlète et son entraîneur(-euse) dans lequel l'un(e) pense qu'il (elle) s'entraîne trop, l'autre pas assez.

*C.* En 120 mots, racontez une expérience sportive (heureuse ou malheureuse) que vous avez eue.

*D.* En 160 mots, décrivez l'importance du sport dans votre vie. S'il n'en a aucune, expliquez pourquoi et dites ce que vous préférez faire pendant vos loisirs.

# La vie
# économique

# A SAVOIR

## LA VIE EN ENTREPRISE

le (la) patron(ne) = le chef
   d'entreprise
l'emploi (*m.*) = le travail
le curriculum vitae (le C.V.)
le poste
le (la) candidat(e)
le bureau de placement = l'agence (*f.*)
   de placement
le salaire
le service
l'ordinateur (*m.*)    *computer*
le licenciement    *layoff*
le chômage    *unemployment*
le traitement de texte    *word*
   *processing*

l'économie (*f.*)
la main-d'œuvre
la société
l'entreprise (*f.*)
l'usine (*f.*)    *factory*
la formation    *training*
l'offre (*f.*) ≠ la demande
la rémunération
la comptabilité    *accounting*
l'informatique (*f.*)    *computer science*
la grève    *strike*
la concurrence    *competition*
l'augmentation (*f.*)    *raise*

## QUELQUES METIERS

l'employé(e)
l'ouvrier(-ère)    *worker*
le (la) fonctionnaire    *civil servant*
le (la) vendeur(-euse)
l'avocat(e)
le (la) directeur(-trice) = le P. D. G.
l'informaticien(ne)

le (la) commerçant(e)
l'ingénieur (*no f.*)
le (la) comptable
le (la) banquier(-ère)
le (la) vétérinaire
le (la) cadre    *executive*
l'interprète (*m., f.*)

---

à plein temps ≠ à mi-temps
responsable de = chargé de
bilingue
disponible
expérimenté ≠ débutant
énergique = dynamique
commercial
technique

à la chaîne    *on the assembly line*
motivé
trilingue
ambitieux(-euse)
salarié
compétitif(-ive)
juridique
expatriable

exercer une profession
rechercher ≠ obtenir (un emploi)
diriger une entreprise
travailler à son compte
engager = embaucher ≠ licencier

recruter = rechercher
faire la grève
être au chômage
fabriquer
maîtriser une langue

# PRATIQUONS!

**A.** Quel lien logique voyez-vous entre les mots et expressions ci-dessous? Construisez des phrases selon le modèle suivant.

EXEMPLE:  **Un candidat qui répond à une offre d'emploi envoie son C.V. et espère obtenir le poste.**

| | | | |
|---|---|---|---|
| **le candidat** | le licenciement | le (la) secrétaire | les ouvriers |
| le chômage | **le poste** | l'agence | l'ordinateur |
| l'informatique | l'entreprise | **le C.V.** | la demande d'emploi |
| l'augmentation | la grève | l'usine | **l'offre d'emploi** |

**B.** Donnez un synonyme pour chaque mot ou expression ci-dessous et employez-le dans une phrase.

**1.** le patron
**2.** rechercher un(e) employé(e)
**3.** le bureau de placement
**4.** le travail
**5.** dynamique
**6.** la société
**7.** engager
**8.** le directeur

**C.** Quel est le contraire des mots et expressions qui suivent? Employez chaque contraire dans une phrase.

**1.** à plein temps
**2.** embaucher
**3.** la demande
**4.** travailler pour un patron
**5.** obtenir un emploi
**6.** expérimenté

**D.** Définissez les mots suivants.

**1.** le salaire
**2.** trilingue
**3.** le bureau de placement
**4.** le C.V.
**5.** expatriable

**E.** A quoi vous font penser les mots suivants?

**1.** le bureau
**2.** le patron
**3.** la concurrence
**4.** le chômage
**5.** l'usine
**6.** la grève

**F.** Après avoir lu les activités des personnes suivantes, dites quelle profession elles exercent.

**1.** Paul travaille dans une usine.
**2.** Françoise a choisi de défendre les innocents et de représenter leurs droits.
**3.** Marie s'occupe d'animaux toute la journée.
**4.** Jean-Michel ne travaille qu'avec les ordinateurs.
**5.** Chantal parle plusieurs langues. Grâce à elle, beaucoup de gens peuvent communiquer entre eux.
**6.** Marc est employé par le gouvernement.
**7.** Robert jongle continuellement avec des chiffres.
**8.** Fabienne a un poste dans une entreprise. Elle tape à la machine, répond au téléphone, utilise l'ordinateur. . .

**G.** Quelle est la différence entre:

**1.** un ouvrier et un commerçant?
**2.** un(e) employé(e) et un(e) fonctionnaire?
**3.** travailler à plein temps et travailler à mi-temps?

**H.** Complétez le texte qui suit en utilisant les mots ci-dessous.

| | | | | |
|---|---|---|---|---|
| embauché | entreprise | formation | C.V. | responsable |
| directeur | emploi | augmentation | salaire | poste |
| au chômage | maîtrise | emplois | | |

Quand j'ai lu cette offre d' _____ dans le journal, j'ai tout de suite été intéressé. J'ai envoyé une lettre et mon _____ à l'adresse indiquée. Une semaine plus tard, le _____ de l'entreprise m'a téléphoné. Il m'a dit que ma _____ était remarquable et m'a posé quelques questions sur mes _____ précédents. Mes réponses ont dû lui plaire, car il m'a _____ .

Voilà maintenant trois ans que je travaille dans cette _____ . Je suis _____ du service commercial. Je gagne un assez bon _____ , mais je n'ai pas encore reçu d' _____ . Mon patron m'a dit que c'est parce que je ne _____ pas bien l'anglais! Malgré cela, je suis content d'avoir ce _____ , car je connais tant de gens qui sont _____ .

**I.** Lisez les définitions données, et choisissez dans la liste ci-dessous les mots qui correspondent à ces définitions.

| | | | | |
|---|---|---|---|---|
| la banquière | le (la) cadre | bilingue | l'informatique | la grève |

**1.** C'est une personne salariée occupant un poste de haut niveau dans une entreprise ou dans un societé.
**2.** C'est une décision collective d'arrêter le travail dans une usine ou dans une entreprise.
**3.** C'est la science du traitement automatique et rationnel de l'information.
**4.** C'est la description de quelqu'un qui parle deux langues.
**5.** C'est la directrice d'une banque.

**J.** Quels sont les adjectifs dérivés des noms suivants?

| | | |
|---|---|---|
| **1.** le commerce | **4.** la langue | **7.** l'expérience |
| **2.** le motif | **5.** l'énergie | **8.** l'ambition |
| **3.** la compétition | **6.** la patrie | **9.** l'information |

**K.** Exprimez les mots en italique d'une manière différente.

**1.** Depuis quand es-tu *responsable* du service de comptabilité?
**2.** Une grande société parisienne *recrute* des agents commerciaux.
**3.** Si vous *connaissez très bien* l'anglais, vous pouvez certainement vous présenter à cet *emploi.*
**4.** Au *bureau de placement,* il y avait toutes sortes d'offres et de demandes d'emploi très intéressantes.
**5.** Si vous *avez de l'expérience,* il est plus facile de *trouver* un emploi.
**6.** La directrice du personnel a *engagé* dix nouveaux représentants.

**L.** *Devinettes.* Devinez le mot ou l'expression évoqué par les définitions suivantes.

**1.** C'est la situation dans laquelle se trouve une personne après un licenciement.
**2.** Je suis une personne dont le métier est de vendre.
**3.** C'est l'équivalent du CEO américain.
**4.** C'est un établissement industriel où sont fabriqués des produits.
**5.** C'est une personne qui, par définition, accomplit habituellement des actes de commerce.

# Les grandes catégories professionnelles

## QUESTION AVANT LA LECTURE

Avez-vous déjà pensé à la profession que vous aimeriez exercer? Si oui, dites laquelle et pour quelles raisons vous avez choisi celle-ci plutôt qu'une autre. Si vous n'avez pas encore choisi, expliquez pourquoi.

1. Lisez le tableau qui suit une fois en entier en vous aidant des abréviations suivantes:

   **adm.:** administratif
   **commerc.:** commerçant
   **entrepr.:** entreprise
   **ingé.:** ingénieur
   **techn.:** technique

2. Aidez-vous des définitions suivantes:

   **la fonction publique:** ensemble des agents de l'Etat
   **l'instituteur(-trice):** professeur chargé de l'enseignement pré-élémentaire et élémentaire
   **le (la) contremaître(-resse):** personne qualifiée responsable d'une équipe d'ouvriers
   **le (la) chômeur(-euse):** personne au chômage

## Les grandes catégories professionnelles en 1988
(nouvelle nomenclature Insee)

| (en milliers) | H | F | Total |
|---|---|---|---|
| **1. Agriculteurs exploitants** | **831** | **488** | **1 319** |
| sur petite exploitation | 288 | 189 | 477 |
| sur moyenne exploitation | 275 | 152 | 427 |
| sur grande exploitation | 268 | 147 | 415 |
| **2. Artisans, commerçants et chefs d'entreprise** | **1 177** | **613** | **1 790** |
| Artisans | 642 | 220 | 862 |
| Commerçants | 437 | 372 | 810 |
| Chefs d'entreprise (+ de 10 salariés) | 98 | 21 | 119 |
| **3. Cadres et professions intellectuelles sup.** | **1 677** | **655** | **2 332** |
| Professions libérales | 195 | 86 | 281 |
| Cadres de la fonction publique | 180 | 56 | 236 |
| Professeurs, professions scientifiques | 249 | 230 | 479 |
| Prof. de l'information, des arts et spectacles | 92 | 79 | 170 |
| Cadres adm. et commerc. d'entrepr. | 504 | 158 | 662 |
| Ingé. et cadres techn. d'entrepr. | 457 | 46 | 503 |
| **4. Professions intermédiaires** | **2 590** | **1 944** | **4 534** |
| Instituteurs et assimilés | 312 | 510 | 822 |
| Professions intermédiaires de la santé | 182 | 574 | 757 |
| Religieux | 19 | 1 | 20 |
| Professions intermédiaires administratives de la fonction publique | 180 | 194 | 374 |
| Professions intermédiaires administratives et commerciales des entreprises | 687 | 537 | 1 224 |
| Techniciens | 686 | 86 | 772 |
| Contremaîtres, agents de maîtrise | 523 | 43 | 566 |
| **5. Employés** | **1 564** | **5 043** | **6 607** |
| Employés et agents de service de la fonction publique | 397 | 1 524 | 1 921 |
| Policiers et militaires | 399 | 29 | 428 |
| Employés administratifs d'entreprise | 388 | 1 776 | 2 164 |
| Employés de commerce | 183 | 686 | 869 |
| Personnel de service | 197 | 1 028 | 1 224 |
| **6. Ouvriers** | **5 585** | **1 494** | **7 079** |
| Ouvriers qualifiés (industrie) | 1 361 | 222 | 1 583 |
| Ouvriers qualifiés (artisanat) | 1 334 | 108 | 1 442 |
| Chauffeurs | 567 | 16 | 584 |
| Ouvriers qualif. (manutention, transport) | 379 | 24 | 403 |
| Ouvriers non qualifiés (industrie) | 1 108 | 770 | 1 877 |
| Ouvriers non qualifiés (artisanat) | 607 | 287 | 894 |
| Ouvriers agricoles | 229 | 67 | 296 |
| **Chômeurs n'ayant jamais travaillé** | **93** | **185** | **278** |
| **Population active** | **13 518** | **10 421** | **23 939** |

---

**RÉPONDONS!**

1. Dans quelle catégorie professionnelle y a-t-il le plus d'hommes?
2. Dans quelle catégorie trouve-t-on le plus de femmes?
3. Que pensez-vous de cette différence? Pouvez-vous l'expliquer?
4. Quelle est la seule catégorie où les femmes sont exactement deux fois plus nombreuses que les hommes? A votre avis, pourquoi est-ce ainsi?
5. Nommez quatre métiers où l'on trouve le plus d'hommes.
6. Quels sont les quatre métiers où les femmes sont les moins représentées?
7. Quels métiers sont plutôt exercés par des femmes que par des hommes?
8. Que pensez-vous de toutes ces différences? Est-ce plus ou moins la même chose aux Etats-Unis?

# ACTIVITE 2

## Offres d'emploi

### QUESTION AVANT LA LECTURE

Avez-vous déjà répondu à une offre d'emploi? Quel poste était proposé? Avez-vous obtenu l'emploi? Comment?

### STRATEGIE DE LECTURE

1. Lisez chacune des trois offres d'emploi suivantes une ou deux fois.
2. Après les avoir lues, remplissez la grille qui suit pour voir si vous les avez bien comprises.

## Nous préparons l'avenir

Notre potentiel humain est notre richesse et son développement constitue l'une de nos orientations majeures ; nous devons trouver et former nos managers de Demain.

## JEUNES INGENIEURS

Débutants ou déjà aguerris en Génie Civil, Construction Métallique, Métallurgie, Mécanique, Electricité.

● Si vous parlez anglais couramment ● si vous êtes mobile et expatriable ● si vous avez du potentiel et de l'ambition, nous vous offrirons **en France ou à l'Etranger ,** un véritable développement personnel dans la filière correspondant à vos aspirations et personnalité, puis nous complèterons votre formation en gestion - relations humaines - management.

**Nos activités** : 1,8 milliards de FF en ● Offshore pétrolier ● Travaux maritimes et portuaires ● Maintenance industrielle.

Rejoignez-nous : BOUYGUES OFFSHORE
P. THOMASSON - Directeur des Ressources Humaines
3, rue Stephenson - 78180 MONTIGNY LE BRETONNEUX.

Organisation et Publicité

1

L'INSTITUT
REGIONAL
DU TRAVAIL
SOCIAL
AQUITAINE

recrute un

# DIRECTEUR ADJOINT

pour son secteur Etudes et Recherches

Sous la responsabilité du directeur général il sera notamment chargé de gérer et animer l'équipe de ce secteur (35 personnes dont 28 formateurs), d'articuler le projet pédagogique commun aux différentes filières de formation en matière de travail social et de développer les diverses activités de formation permanente, supérieure, de recherches et d'animation.

Ce candidat possède l'expérience d'une responsabilité dans un travail d'équipe et est titulaire d'un titre universitaire de niveau 3ᵉ cycle.

Age minimum 35 ans, niveau de rémunération 155 à 180 KF (selon expérience).

Envoyer lettre manuscrite, CV + photo jusqu'au 15 avril 1988 à IRTS AQUITAINE, BP 39, 33401 TALENCE CEDEX.

**2**

# Géant Vert.

## LEADER MONDIAL DES LEGUMES TRANSFORMES
### BOULOGNE BILLANCOURT

# SECRETAIRE DE DIRECTION TRILINGUE ANGLAIS - ESPAGNOL

Vous souhaitez être la secrétaire gestionnaire du quotidien mais aussi l'assistante du Directeur Général Europe. Outre les tâches habituelles du secrétariat, vous êtes capable de préparer, suivre, classer les dossiers en l'absence d'un patron souvent en déplacement.

Vous avez au moins 25 ans, un BTSS, vous connaissez la sténo anglaise. Vous êtes familiarisée avec les nouvelles techniques de traitement de texte.

Votre autonomie, votre discrétion, votre disponibilité, votre facilité de contacts sont de plus les atouts de votre réussite.

Merci d'adresser CV, photo et lettre man. s/réf. 756 H à notre Conseil.

**SODERHU
22 rue St Augustin
75008 PARIS.**

SODERHU
MEMBRE DE SYNTEC

**3**

| Poste à pourvoir | Responsabilités | Diplômes requis | Qualités requises | Langues | Age | Salaire |
|---|---|---|---|---|---|---|
| Nº 1 | | | | | | |
| Nº 2 | | | | | | |
| Nº 3 | | | | | | |

---

## RÉPONDONS!

### Annonce 1
**1.** Pourquoi cette annonce semble-t-elle particulièrement intéressante?
**2.** Quelles qualités sont requises pour ce poste?
**3.** Pour quelle raison a-t-on l'impression que cette société est comme une grande famille?

### Annonce 2
**1.** Que pensez-vous du poste offert? Vous tenterait-il? Pourquoi ou pourquoi pas?
**2.** Quels sont les deux éléments de cette annonce que l'on ne verrait pas dans une offre aux USA?

### Annonce 3
**1.** Pourquoi l'annonce ne mentionne-t-elle pas un salaire précis?
**2.** En quoi cette annonce est-elle très différente de la première?

# LECTURE

## L'autre France

---

### QUESTION AVANT LA LECTURE

Quand vous pensez à la France, qu'est-ce qui vous vient immédiatement à l'esprit?

### STRATEGIE DE LECTURE

1. Lisez le texte qui suit une fois.
2. Complétez la grille ci-dessous en relevant les mots-clés de ce texte.

| L'image de la France aux USA<br>(points forts traditionnels) | L'autre France<br>(autres domaines où la France excelle aussi) |
| --- | --- |
| • | • |
| • | • |
| • | • |
| • | • |

---

**INTRODUCTION**

---

Vous vous faites déjà probablement une certaine image de la France sans y être nécessairement allé(e). Le texte qui suit nous fait connaître un autre aspect de ce pays—une France différente, bien réelle et qui échappe aux clichés traditionnels.

# L'autre France

Quel est le point commun entre les villes de New York, San Francisco, Jacksonville et Chicago? Leur métro est en partie français. Qu'est-ce qui rassemble les compagnies aériennes Eastern, Pan Am, Northwest, American et Continental? Elles possèdent toutes des avions Airbus (européens donc, mais à dominante française).

La haute technologie française a donc pénétré dans la vie quotidienne de nombreux Américains . . . sans malheureusement qu'ils s'en aperçoivent! Car l'image de la France aux Etats-Unis reste liée à ses points forts traditionnels: mode (parfums et cosmétiques, textiles et haute couture—voir ici la popularité de Christian Lacroix), arts de la table (porcelaine de Limoges et verrerie), produits alimentaires (fromages et vins), produits de luxe en général (des bagages Vuitton aux montres Cartier . . .). En un mot, l'image de la France aux USA semble souvent se réduire, **outre** les produits agricoles, aux «articles de Paris», évoquant tradition, rêve, futilité et éphémère . . . mais en aucun cas le sérieux dont on créditera les industriels allemands. *besides*

Or, rien n'est plus faux: la France vend en effet aux Etats-Unis avant tout des produits élaborés; ceux-ci constituent 47,9% de ses exportations, contre 10,6% seulement pour les produits alimentaires; **quant aux** biens de consommation (y compris les produits de luxe), leur part des exportations françaises vers les USA est seulement de 13,8%. *as for*

C'est que l'économie française **a subi** depuis la guerre une profonde modification, alors que les Américains semblent en garder une vision **surannée** et passéiste. Depuis 1958, en particulier, date de la création du marché commun européen, la France est devenue progressivement un pays à dominante industrielle et un leader mondial dans de nombreux secteurs de haute technologie. *has undergone* / *archaïque*

Prenons les transports: les sociétés françaises excellent d'abord dans le secteur aéronautique et spatial, qu'il s'agisse des avions civils (Airbus) ou militaires (les Mirages de Dassault), des **fusées** (Ariane), des satellites (Spot-Image). Pour les transports terrestres, le TGV (train à grande vitesse) qui peut rouler à 400 km/h provoque l'admiration de tous. *rockets*

Dans les télécommunications, la France est aussi un **poids lourd:** le géant américain ITT a été racheté par le groupe français Alcatel; c'est Thomson—entreprise bien française malgré son nom—qui a été choisie pour **doter** l'armée américaine d'un réseau de télécommunications moderne; enfin, le succès du Minitel—ce petit appareil issu du mariage d'un téléphone avec un micro-ordinateur, qui équipe des millions de foyers français—passionne les industriels américains. *leader* / *équiper*

La même constatation peut être faite dans le domaine des biotechnologies et du secteur biomédical: c'est l'équipe du professeur Montagnier, de l'Institut Pasteur, qui a découvert l'origine du virus du sida.

La haute technologie française est donc une réalité, même si l'image que l'Américain moyen se fait de la France traditionnelle contribue à obscurcir cette réalité; de plus, à la différence des Japonais ou des Allemands, qui vendent aux USA des produits grand public (électronique, automobile), l'image industrielle de la France

est moins visible au dehors que celle de ses principaux **concurrents:** des équipe-      *competitors*
ments français pour centrale nucléaire sont moins reconnaissables qu'une voiture
BMW ou un Walkman Sony et, bien entendu, qu'un parfum Chanel ou une
bouteille de Bordeaux.

Mais l'arbre ne doit pas cacher la forêt: la majorité des ventes françaises aux
Etats-Unis sont bien le fait des produits industriels de haute technologie.

Extrait et adapté d'un article de *France-Amérique*

---

### REPONDONS!

1. Quelle image les Américains se font-ils généralement de la France?
2. Pourquoi cette image ne correspond-elle pas bien à la réalité?
3. En quoi la France a-t-elle changé depuis la création du marché européen?
4. Dans quels secteurs la France excelle-t-elle tout particulièrement?
5. Pour quelle raison l'image que les Américains se font du Japon et de l'Allemagne est-elle différente?
6. Quels aspects de la France ne connaissiez-vous pas avant de lire ce texte?
7. A votre avis, quelle image les Français se font-ils des Etats-Unis et des Américains?
8. Cette image correspond-elle à la réalité?

---

### DISCUTONS UN PEU!

1. A votre avis, quelle est la meilleure façon de trouver du travail?
2. Quels sont les avantages et les inconvénients du travail à mi-temps?
3. Pour quelles raisons peut-on être licencié?
4. Quels sont les métiers qui vous tentent le plus? Expliquez pourquoi.
5. Si vous étiez patron d'une entreprise, comment recruteriez-vous vos employés?
6. Quels avantages y a-t-il à engager des débutants? Quels inconvénients?
7. Préféreriez-vous être employé(s) ou travailler à votre compte? Expliquez.
8. Que pensez-vous de cette pratique qui consiste à demander à un(e) candidat(e) à un poste d'envoyer sa photo?
9. En France, il y a deux fois plus de femmes au chômage que d'hommes. A votre avis, comment pourrait-on améliorer cette situation?
10. Pensez-vous que toutes les professions soient rémunérées comme elles le méritent? Pouvez-vous donner des exemples de métiers qui, selon vous, sont sous-payés ou d'autres qui, au contraire, vous semblent trop bien payés?

---

### METTONS-NOUS EN SITUATION!

## A. MISE EN SCENE

Les activités suivantes sont de petites scènes à jouer oralement en classe pendant cinq minutes.

1. Avec un(e) camarade de classe, jouez une scène dans laquelle vous serez un chef d'entreprise en train d'interviewer un(e) candidat(e) se présentant pour un poste de secrétaire trilingue. Décidez au terme de cet entretien si vous désirez embaucher cette personne.

2. Avec un(e) camarade de classe, imaginez un dialogue entre un(e) employé(e) venu(e) demander une augmentation à son patron ou à sa patronne. L'employé(e) essayera de justifier sa demande et le (la) patron(ne) sa réponse (positive ou négative).

3. Trois personnes au chômage lisent ensemble les offres d'emploi dans le journal et discutent de leur situation. Soudain, tous trois trouvent une offre qui leur convient et sont tout excités à cette idée.

Vous êtes une personne informée, curieuse, responsable, bilingue, dégourdie, vous adorez la lecture, avez de la mémoire et de l'humour?

Vous êtes le (la)

**LIBRAIRE**

que nous cherchons.

Envoyez votre curriculum vite au:

**Dossier 1437
LE DEVOIR
C.P. 6033, Succ. Place d'Armes
Montréal (Québec)
H2Y 3S6**

## B. TABLES RONDES

Tous les étudiants de la classe commentent tour à tour les sujets suivants.

### Expressions utiles à la discussion

- **Je t'assure que**
- **Il me semble que**
- **Il est regrettable que**

1. Le chômage et ses multiples conséquences
2. Le sexisme au travail
3. Les entretiens d'embauche

## C. SONDAGE

En vous aidant du sondage ci-dessous, réalisez un sondage auprès de dix employé(e)s de votre école ou de votre campus sur le sujet suivant:

**Les rapports entre les salariés et leurs patrons.**

Organisez les réponses obtenues et présentez-les sous forme de pourcentages au reste de la classe. Comparez ensuite vos résultats avec ceux du sondage modèle et commentez.

**Tutoyez-vous ou vouvoyez-vous votre patron ?**

| | |
|---|---|
| Le tutoient .................... | 14 |
| Le vouvoient ................... | 84 |
| Ne se prononcent pas ........... | 2 |
| | 100 |

**Quand vous parlez avec votre patron, comment l'appelez-vous ?**

| | |
|---|---|
| Monsieur ...................... | 61 |
| Patron ........................ | 3 |
| Chef .......................... | 2 |
| Vieux ......................... | — |
| Par son prénom ................ | 16 |
| Par son nom de famille ......... | 9 |
| Par un surnom ................. | 1 |
| Autrement ..................... | 6 |
| Ne se prononcent pas ........... | 2 |
| | 100 |

**Et quand vous parlez de lui entre salariés ?**

| | |
|---|---|
| Monsieur ...................... | 9 |
| Le patron ..................... | 16 |
| Le chef ....................... | 7 |
| Le vieux ...................... | 4 |
| Par son prénom ................ | 22 |
| Par son nom de famille ......... | 25 |
| Par un surnom ................. | 6 |
| Autrement ..................... | 6 |
| Ne se prononcent pas ........... | 5 |
| | 100 |

**Votre patron est-il... ?**

| | |
|---|---|
| Un homme ..................... | 85 |
| Une femme .................... | 15 |
| | 100 |

**Quelles sont, parmi les suivantes, les qualités que vous trouvez à votre patron ?**

| | |
|---|---|
| Disponible .................... | 24 |
| Proche de vos préoccupations .... | 21 |
| Intelligent .................... | 37 |
| Rigoureux ..................... | 28 |
| Dynamique .................... | 34 |
| Elégant, bien habillé ........... | 15 |
| Séduisant ..................... | 4 |
| Il a de l'humour .............. | 13 |
| Ne se prononcent pas ........... | 15 |
| | (1) |

**Et quels sont, parmi les suivants, les défauts que vous trouvez à votre patron ?**

| | |
|---|---|
| Autoritaire ................... | 34 |
| Paresseux .................... | 4 |
| Absent ....................... | 13 |
| Malpoli ...................... | 7 |
| Sexiste ...................... | 5 |
| Prétentieux .................. | 14 |
| Archaïque .................... | 8 |
| Ne se prononcent pas ........... | 38 |
| | (1) |

*(1) Total supérieur à 100 en raison de réponses multiples.*

**Savez-vous combien gagne votre patron ?**

| | |
|---|---|
| Oui .......................... | 28 |
| Non .......................... | 72 |
| | 100 |

**Avez-vous déjà été invité chez votre patron ?**

| | |
|---|---|
| Oui .......................... | 24 |
| Non .......................... | 76 |
| Ne se prononcent pas ........... | — |
| | 100 |

**Etes-vous ou avez-vous déjà été attiré physiquement par votre patron ?**

| | |
|---|---|
| Oui .......................... | 4 |
| Non .......................... | 88 |
| Ne se prononcent pas ........... | 8 |
| | 100 |

**Dans l'ensemble, diriez-vous que votre patron est tout à fait compétent, plutôt compétent, plutôt incompétent ou tout à fait incompétent ?**

| | | |
|---|---|---|
| Tout à fait compétent ...... | 36 | } 83 |
| Plutôt compétent .......... | 47 | |
| Plutôt incompétent ........ | 11 | } 14 |
| Tout à fait incompétent .... | 3 | |
| Ne se prononcent pas ...... | 3 | |
| | 100 | |

**Si vous appreniez que votre patron a été ou va être remplacé, quelle serait votre première réaction ?**

| | |
|---|---|
| La joie ....................... | 5 |
| La stupeur .................... | 7 |
| La colère ..................... | 1 |
| Pas de réaction ............... | 37 |
| La déception, la tristesse ........ | 24 |
| L'espoir ...................... | 12 |
| Autres réactions .............. | 7 |
| Ne se prononcent pas ........... | 7 |
| | 100 |

## SOYONS CREATIFS!

### *Writing Tips*: TYPES OF PAPERS

In the following examples, **A** presents a student's paragraph, and **B** shows the revised, improved version.

**Descriptive Paper:** You will want to use a lot of details. Try to make your paper more interesting by being either humorous (description of people) or poetic (description of landscapes).

**Description d'un Paysage**

|  A  |  B  |
|---|---|
| L'endroit où nous passions nos vacances était très beau. Il y avait des montagnes et un grand lac où les gens se baignaient. Les couleurs étaient très belles, parce que les montagnes étaient vertes, le lac bleu sombre et le ciel bleu clair. | Nous passions nos vacances dans un site merveilleux. Autour de nous s'élevaient de majestueuses montagnes qui encadraient un grand lac où les gens aimaient venir se baigner. Mais ce qui rendait cet endroit particulièrement beau, c'étaient les couleurs: le vert sombre des montagnes, le bleu profond du lac et le bleu clair du ciel. |

Version B is more poetic; adjectives were added to enhance the description.

**Narrative Paper:** Use plenty of anecdotes and personal experiences. Share them with your reader.

**Ma Première semaine à l'université**

|  A  |  B  |
|---|---|
| La première semaine sur le campus n'a pas été très bonne pour moi. Je n'avais pas d'amis, je ne connaissais personne et je n'aimais pas ma chambre. Heureusement, au bout de quelques jours, j'ai fait la connaissance de Tom. | Ah! Quelle première semaine! Seule, sans amis ni connaissances, je me retrouvais sur ce campus inconnu, loin de ma famille et de ceux que j'aime. Moi qui pensais que j'aimerais me sentir indépendante, je commençais déjà à trouver le temps long! Heureusement, lors d'une réunion pour étudiants de première année, j'ai fait la connaissance de Tom. Et là, tout a commencé à changer. |

Version B better emphasizes the loneliness of the student and adds more details than Version A.

**Research Paper:** Use an impersonal style. Inform your reader; do not entertain him.

**Les différences entre le système universitaire français et le système universitaire américain**

|  A  |  B  |
|---|---|
| Je n'aime pas le système universitaire français parce que les étudiants se spécialisent plus tôt et qu'ils ne font pas autant de sport que les étudiants américains. J'ai vu la différence quand je suis allé à la Sorbonne! | Il est évident que les deux systèmes sont bien différents. D'une part, les étudiants français doivent se spécialiser plus tôt, d'autre part, il est bien connu que le sport dans les universités françaises ne jouit pas d'une place aussi privilégiée que sur les campus américains. |

Version A is too subjective. Version B merely states facts in an impersonal way and avoids anecdotes.

**Argumentative paper:** Acknowledge the importance of the issue, present the different points of view usually expressed by people, and explain your personal point of view.

**Le cursus obligatoire: pour ou contre?**

A

Je pense qu'il est bon de pouvoir acquérir un grand nombre de connaissances dans divers domaines avant de se spécialiser. Le système universitaire américain permet de faire cela. C'est pour cette raison que je suis pour le cursus obligatoire.

B

Il est certain que la question du cursus obligatoire est un sujet très controversé. Tandis que certains le défendent à tout prix, d'autres n'ont qu'une envie: le supprimer. Ceux qui le défendent estiment que c'est une façon de permettre aux étudiants d'acquérir un grand nombre de connaissances dans divers domaines avant de se spécialiser. Ceux qui ne pensent qu'à le supprimer affirment que ce n'est, en fait qu'une entrave à la liberté individuelle.

Pour ma part, je suis satisfait de ce système, car il me force, en fait, à ouvrir mon esprit à des connaissances très diverses—chose que je ne ferais peut-être pas si je n'y étais pas contraint.

Version A does not acknowledge the importance of the issue and does not express the different points of view usually expressed by people.

*A.* En 60 mots, terminez le dialogue suivant:

VÉRONIQUE: J'en ai assez! Je lis les petites annonces tous les jours et je n'ai encore rien trouvé. Si ça continue, je vais passer ma vie au chômage!
VINCENT: Tu n'as même pas trouvé un petit boulot temporaire?
VÉRONIQUE: Non. Je suis allée à plusieurs interviews, mais on m'a dit à chaque fois que je manquais d'expérience.
VINCENT: Qu'est-ce que tu cherches comme poste?
VÉRONIQUE: . . .

*B.* Rédigez un dialogue de 90 mots dans lequel deux étudiant(e)s récemment diplômé(e)s discutent de leurs projets professionnels.

*C.* En 120 mots, racontez votre première expérience dans le monde du travail.

*D.* En 180 mots, composez un essai dans lequel vous expliquerez quel métier vous souhaiteriez exercer et pour quelles raisons. Mentionnez également les aptitudes et la formation nécessaires.

# Les vacances en francophonie

CHAPITRE

# A SAVOIR

## LE TOURISME

l'Office (*m.*) du tourisme          l'excursion (*f.*) = la randonnée
le circuit                           la croisière
le centre balnéaire   *seaside resort*   la station (de sports d'hiver, thermale)
le séjour                            la saison (haute, basse)

## L'HEBERGEMENT

le gîte de montagne   *mountain lodge*   l'auberge (*f.*) (de jeunesse)   *inn*
le relais   *inn*                          (youth   hostel)
le terrain de camping                  la pension complète (la demi-pension)
                                       la tente de camping

## LES TRANSPORTS

le car                               la navette   *shuttle*
le paquebot                          la caravane
le voilier

## LES MONUMENTS

le château                           la mosquée

## LES PAYSAGES

l'océan (*m.*)                       la côte
le littoral   *coastline*            l'île (*f.*)
le sable                             la source   *spring*
le chemin                            la rivière

---

exotique              montagneux(-euse)      immense ≠ minuscule
tropical              vallonné               magnifique = splendide
nordique              plat                   animé ≠ tranquille
pittoresque           sauvage                bronzé

camper                               se détendre = se reposer
se faire bronzer                     partir en vacances
débarquer   *to disembark*           passer ses vacances (à)
se renseigner (sur)                  partir à la découverte d'un pays
louer                                faire le tour du monde
pique-niquer                         faire du shopping
atterrir ≠ décoller   *to land ≠ to take off*
se sentir dépaysé   *to feel disoriented*

# PRATIQUONS!

**A.** A quoi vous font penser les adjectifs suivants?

EXEMPLE: **montagneux: aller à la montagne, faire du ski, passer la nuit dans un gîte de montagne, passer la journée dans une station de ski**

**1.** exotique **2.** touristique **3.** immense **4.** calme

**B.** Quel est le contraire des mots suivants? Construisez une phrase avec chacun d'eux.

**1.** atterrir **2.** tranquille **3.** vallonné

**C.** Donnez un synonyme pour chaque mot ou expression ci-dessous et employez-le dans une phrase.

**1.** l'excursion **2.** se détendre **3.** faire du camping

**D.** Parmi les mots suivants, lesquels présentent un lien logique entre eux? Reliez les mots de la colonne 1 à ceux de la colonne 2 et 3, puis expliquez votre choix.

EXEMPLE: **Quand on veut faire un voyage, on va dans une agence de voyages pour acheter un billet.**

| 1 | 2 | 3 |
|---|---|---|
| le terrain de camping | la lotion solaire | visiter une région |
| le soleil | une jeep | se faire bronzer |
| louer | **le billet** | se détendre |
| partir en vacances | changer d'horizon | partir à la découverte |
| **l'agence de voyages** | faire de l'auto-stop | camper |
| ne pas avoir beaucoup d'argent | la tente | **le voyage** |

**E.** Lisez les définitions données et dites à quels mots de la liste ci-dessous elles correspondent.

sauvage animé la station

**1.** Elle peut être thermale, balnéaire ou de sports d'hiver.
**2.** Cet adjectif peut caractériser une personne, un animal ou un paysage.
**3.** C'est le contraire de *calme*.

**F.** Quelle est la différence entre:

**1.** une colline et une montagne?
**2.** la pension complète et la demi-pension?
**3.** une croisière et un circuit?

**G.** *Devinettes.* Devinez le mot évoqué par chacune des phrases suivantes.

**1.** A la plage, les gens marchent sur moi. Qui suis-je?
**2.** C'est le type de voyage que l'on fait sur un grand bateau.
**3.** J'ai plusieurs noms: Atlantique, Pacifique, Indien, Arctique et Antarctique. Qui suis-je?
**4.** Je suis une petite montagne.
**5.** Quand il y a beaucoup de montagnes dans une région, on dit que la région est _____ .
**6.** Si l'on se sent désorienté dans un pays étranger, on dit aussi que l'on se sent _____ .

**7.** C'est l'action que fait un avion quand il arrive dans un aéroport.

**8.** Je suis un synonyme de *très petit*.

**9.** C'est l'action d'arrêter un automobiliste pour se faire transporter sans payer.

**10.** En général, si l'on reste au soleil assez longtemps, on devient _____ .

**H.** A quels autres mots vous font penser les mots et les expressions qui suivent?

**1.** le littoral

**2.** pique-niquer

**3.** le terrain de camping

**4.** faire le tour du monde

**Commentons le dessin!**
Décrivez la scène, puis expliquez pourquoi le mari n'a pas l'air content.

— Ça fait je ne sais combien de temps que mon mari rêve d'une croisière.

# ACTIVITE 1

# Tunisie amie

## QUESTIONS AVANT LA LECTURE

**1.** Où la Tunisie est-elle située?

**2.** Quand vous pensez à ce pays, à quoi pensez-vous?

## STRATEGIE DE LECTURE

**1.** Relevez tous les mots qui se réfèrent à:

**a.** l'atmosphère de ce pays

**b.** son climat

**c.** ses paysages

**d.** ses monuments

**2.** Quelles différences voyez-vous entre la végétation de ce pays et celle de votre région?

# Tunisie amie.

## Plein de chaleur à donner:

Parce qu'elle est le sourire, la chaleur, la vraie hospitalité de la Méditerranée, parce qu'on parle français partout en Tunisie, la Tunisie c'est le pays ami. Partout où vous irez, vous serez agréablement surpris. Ici, on prend le temps d'écouter, de parler, de partager.

Pour faire connaissance on vous sert le "teï", le thé sacré de l'hospitalité. Une véritable tradition, mais aussi un geste spontané.

La Tunisie a encore beaucoup d'autres choses à vous donner. A 2 h d'avion environ, elle vous offre la douceur de vivre, un climat doux et ensoleillé presque toute l'année, la variété des sites, et des paysages. La mer, mais aussi la montagne, les forêts de chênes-lièges, les oliveraies, les orangeraies. Au détour d'une ruelle, d'un chemin, respirez le parfum du jasmin, et oubliez tout. La Tunisie, c'est aussi les îles, jardin à fleur de mer. Les oasis, les lacs de sel, le grand Sud, tout en teintes chaudes, les villages berbères. Allez de surprises en surprises. Remontez le temps. Découvrez les mosquées, les musées, les sites. Etonnant! La Tunisie, c'est tout ça, et pas seulement ça!...

Pour tous renseignements: Office National du Tourisme Tunisien 32, avenue de l'Opéra 75002 Paris - Tél. 47.42.72.67 12, rue de Sèze - 69006 Lyon Tél. 78.52.35.86

## Tunisie. Le pays proche.

**le chêne-liège:** *cork-oak;* **à fleur de mer:** *au niveau de la mer;* **remonter le temps:** *to go back in time*

---

## REPONDONS!

1. Où se trouve la Tunisie?
2. Quelles langues y parle-t-on?
3. Quel est le nom de la mer qui borde la Tunisie?
4. Que servent les Tunisiens en signe d'hospitalité?
5. Combien de temps dure le trajet Paris-Tunis en avion?

6. Comment s'appelle une plantation d'orangers?
7. Quels types de paysages trouve-t-on en Tunisie?
8. Qu'est-ce qu'une oasis?
9. Comment appelle-t-on une église arabe?
10. Que pensez-vous de cette publicité? Vous donne-t-elle envie de visiter la Tunisie? Pourquoi ou pourquoi pas?

# ACTIVITE 2

## Le Mont-Dore

### QUESTIONS AVANT LA LECTURE

1. Quels mots, quelles expressions ou idées associez-vous aux sports d'hiver?
2. Le ski est-il votre sport favori? Pourquoi ou pourquoi pas?

### STRATEGIE DE LECTURE

1. Lisez le texte deux fois sans lire les traductions données en bas de page, puis dressez une liste courte mais précise des mots-clés de cet article.
2. Lisez les mots au-dessous du texte pour vérifier votre compréhension.

**L**e Mont-Dore est l'une des plus vieilles stations françaises de sports d'hiver. Née du mariage réussi d'une ville thermale et d'un grand domaine skiable sur les pentes sud du Puits-de-Sancy, elle donne aux skieurs de tous niveaux des pistes à leur goût, courtes ou longues, faciles ou très techniques. Au total, le Mont-Dore propose quatre vingts kilomètres de pistes puisque la station est reliée aujourd'hui à Super-Besse. Avec son architecture traditionnelle elle offre un confort ouaté et les nombreux avantages d'une petite ville... pour les distractions « après-ski ».

***Forfait :*** *hors saison uniquement, 1 600 francs par personne et par semaine (pension complète en hôtel 2★, remontées mécaniques, six cours de deux heures et une patinoire).*

## PUY-DE-DOME

### Le Mont-Dore

A partir de 1 600 F

PHOTOS : OFFICE DU TOURISME

### Bon à savoir

***Altitude.*** Station : 1 050 m pistes : 1 200 à 1 850 m.
***Pistes.*** 34 dont 3 noires, 8 rouges, 9 bleues et 14 vertes. 21 remontées mécaniques.
***Réservations.*** Office du tourisme, 63240 Le Mont-Dore. Tél. : 73.65.20.21.

## NOTRE AVIS

**Pour.** Animée et peu onéreuse, cette station allie les possibilités sportives aux nombreux loisirs pour les non-skieurs.
**Contre.** Navette ou voiture personnelle indispensable pour relier le domaine skiable (3 kilomètres).

*Femme Actuelle*, 3 novembre 1986

## REPONDONS!

1. Quelle est l'altitude de cette station?
2. Pourquoi attire-t-elle des skieurs de tous niveaux?
3. Comment est l'architecture?
4. Que peut-on faire après le ski?
5. Si vous alliez au Mont-Dore, prendriez-vous un forfait? Pourquoi ou pourquoi pas?

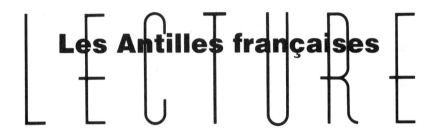

# Les Antilles françaises

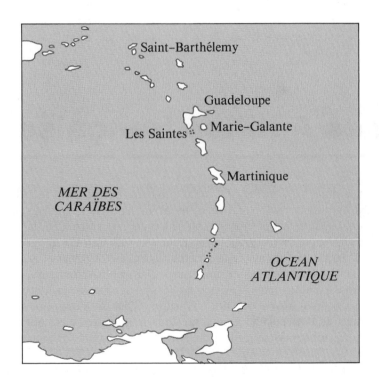

## QUESTIONS AVANT LA LECTURE

1. Où se trouvent les Antilles françaises?
2. Quelles autres îles, plus grandes, connaissez-vous plus au nord?
3. Pourquoi toutes ces îles attirent-elles beaucoup de touristes?

Avant de lire le texte, concentrez-vous sur les phrases suivantes qui résument certains paragraphes du texte.

**a.** Les Antilles françaises: la découverte d'une autre France.

**b.** Les Antilles: quels paysages!

**c.** «A Rome, faites comme les Romains», dit le proverbe. Aux Antilles, faites comme les Antillais.

**d.** Passer ses vacances là-bas ne coûte pas cher aujourd'hui.

Après avoir lu le texte, précisez quels paragraphes peuvent être résumés ainsi.

**INTRODUCTION**

Les **Antilles françaises,** qui regroupent l'île de la Martinique et l'île de la Guadeloupe, sont devenues l'une des destinations préférées des Français ces quelques dernières années. En effet, de plus en plus de touristes choisissent ces deux destinations exotiques pour y passer leurs vacances, des vacances synonymes de soleil, de détente et d'un certain dépaysement.

*French West Indies*

# Les Antilles françaises

Un petit coin de France dans les Caraïbes! C'est ce que disent et pensent les touristes étrangers quand ils découvrent avec **ravissement** les Antilles françaises. La magie des «Iles» et la beauté des Tropiques associées à un art de vivre inimitable. Dans cet archipel ensoleillé, où il fait agréablement chaud toute l'année, mais pas trop quand même (**26°** en moyenne) grâce aux célèbres **alizés,** on trouve, en effet, tous les ingrédients d'une terre idéale de vacances. Or curieusement, en 1988 encore, dans leur immense majorité, les Français de France, les «métropolitains», continuent à ignorer presque totalement «leurs» Antilles. C'est toujours pour eux un bout du monde, **hors de leur portée!** Ou alors, dans leur esprit, c'est encore une sorte de réserve pour un tourisme de milliardaires. Si cela a été un peu vrai dans le passé, ce n'est plus du tout le cas.

*joie immense*

*trade winds / 80°*

*inaccessible*

D'abord, le prix du billet d'avion régulier a beaucoup **baissé** et on peut même trouver aujourd'hui des vols charters très économiques. D'autre part, il y a désormais aux Antilles françaises des hôtels de toutes catégories. A la vérité, un mouvement touristique dans le sens France-Antilles a commencé, ces dernières années, à prendre son vol, mais il est encore beaucoup trop timide.

*diminué*

Pour un Français, voyager aux Antilles est aussi simple que **parcourir** la Bretagne ou la Provence. Côtés formalités, une simple carte d'identité est nécessaire. Ensuite, il est très agréable de passer des vacances tropicales «en français». Enfin, si l'on **évite** la haute saison, ou saison sèche—c'est-à-dire du 15 décembre au 15 avril—on peut passer aux Antilles des vacances très économiques. Les prix alors sont en général inférieurs de 40% et l'on trouve facilement à se loger partout.

*visiter*

*avoids*

Une première question se pose: faut-il se contenter de séjourner dans une île ou en visiter plusieurs? C'est, bien entendu, une question de goût et de tempérament. Nous pensons, quant à nous, qu'il est préférable d'en visiter plusieurs. Car si elles ont des points communs, elles sont quand même toutes très différentes.

Certes, les Antilles, ce sont avant tout les plages, les **cocotiers,** le soleil. Mais *coconut trees* ce n'est pas seulement cela. Ce sont aussi des petits «pays» de l'intérieur, des montagnes, des volcans, une forêt très variée, une flore superbe, une campagne avec ses plantations, ses paysans et ses traditions, de vieilles monocultures— surtout la canne à sucre et la banane—, les fruits tropicaux et la culture des fleurs, des villages de pêcheurs. . .

Reste le problème des relations avec la population. C'est à vous de vous adapter au rythme local, toujours un peu ralenti, et non le contraire. On dit volontiers ici: il faut déguster le temps qui coule comme une **friandise** du Bon Dieu. Et juste- *delicacy* ment, ici, le Bon Dieu est omniprésent. La ferveur religieuse et l'observance de règles morales assez strictes sont des éléments importants de la culture locale. Les rapports familiaux eux aussi sont très codifiés. Il faut les respecter et ne **choquer** *offenser* personne. Les Antillais ont une personnalité particulière. Ils sont **fiers** et même *proud* assez susceptibles. Ils ont horreur, par exemple, d'être pris en photo **à** **l'improviste.** Ils n'aiment pas non plus recevoir un ordre, qu'il soit donné séche- *unexpectedly* ment ou **onctueusement.** *unctuously*

C'est par le sourire, et encore mieux par le cœur, qu'il faut **faire face** aux éven- *face* tuelles petites difficultés de relations. Si vous savez vous montrer **prévenant,** vous *considerate* trouverez partout des interlocuteurs chaleureux.

Extrait et adapté d'un article du *Figaro-Magazine*

---

**REPONDONS!**

---

1. Que pensent les touristes étrangers en arrivant aux Antilles françaises?
2. Qu'est-ce qui est particulièrement curieux?
3. Dans quelle mesure les choses commencent-elles à changer?
4. Pour quelles raisons est-il facile pour les Français de voyager aux Antilles?
5. Quels conseils l'auteur de cet article donne-t-il à ceux qui voudraient y aller?
6. Quand on pense aux Antilles, à quoi pense-t-on en premier lieu?
7. Nommez quelques paysages typiques de ces régions. Que cultive-t-on là-bas?
8. Pourquoi est-il nécessaire de s'adapter au rythme local et non le contraire?

## DISCUTONS UN PEU!

1. Quel genre de voyages préférez-vous: les croisières, les circuits en car, les randonnées à bicyclette? Expliquez.
2. En général, quel genre de pays vous attire le plus—les pays exotiques, les pays tropicaux, les pays nordiques? Pour quelles raisons?
3. Nommez quelques pays que vous aimeriez visiter et donnez vos raisons.
4. Dans lesquels aimeriez-vous (ou n'aimeriez-vous pas) vivre? Pourquoi?
5. Aimeriez-vous mieux passer vos vacances à la mer, à la montagne ou à la campagne? Justifiez votre réponse.
6. A votre avis, quelle est la meilleure façon de bien découvrir un pays ou une région que vous ne connaissez pas?
7. Pouvez-vous passer toutes vos vacances dans la région où vous habitez ou préférez-vous changer d'horizon? Expliquez.
8. Comment vous préparez-vous à faire un voyage?
9. Si vous pouviez faire le tour du monde, quel serait votre itinéraire?
10. Qu'est-ce qui vous plaît le plus dans les voyages?
11. Qu'est-ce qui vous déplaît le plus?
12. Quels conseils donneriez-vous à quelqu'un qui voudrait passer ses vacances dans votre région?

## METTONS-NOUS EN SITUATION!

### A. MISE EN SCENE

Les activités suivantes sont de petites scènes à jouer en classe pendant cinq à dix minutes.

1. Imaginez que deux touristes français visitent votre région et veulent savoir ce qu'il faut voir ou visiter. Deux camarades de classe jouent le rôle de touristes et deux ou trois autres leur donnent des conseils.
2. Deux camarades de classe veulent faire le tour du monde. Ils entrent dans une agence de voyages et demandent des renseignements à l'employé(e) joué par un(e) autre camarade de classe.
3. Etudiez la carte de la Corse ci-après et les légendes qui l'accompagnent. Imaginez une conversation entre l'agent de voyages et deux camarades de classe qui veulent visiter la Corse. L'agent aide les touristes à choisir les meilleurs endroits à visiter et indique quelles activités ils peuvent y faire.

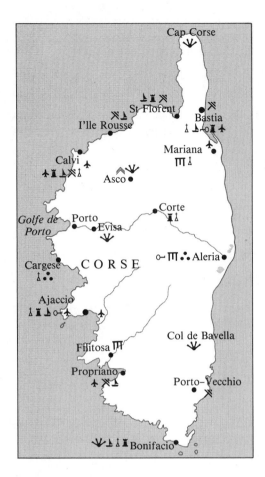

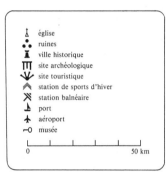

## B. PRESENTATION ORALE

Plusieurs camarades de classe racontent où ils ont passé leurs dernières vacances, ce qu'ils ont fait, ce qu'ils ont vu, etc. Le reste de la classe prend des notes et leur pose des questions à la fin de chaque présentation.

## C. TABLES RONDES

Tous les étudiants de la classe commentent tour à tour les sujets suivants.

### Expressions utiles à la discussion

- **En ce qui me concerne, je préfère**
- **J'ai entendu dire que** *I have heard that*
- **Il est évident que** *it is obvious that*

1. Pour ou contre les voyages à l'aventure
2. Comment bien découvrir un pays
3. Prendre ses vacances en haute ou en basse saison
4. Les voyages et leurs problèmes

## D. EXERCICE DE GROUPE

La classe se divise en groupes de trois ou quatre. Dans chacun, les étudiants doivent discuter du sujet suivant:

**Où préféreriez-vous passer vos vacances si vous aviez le choix, à la mer, à la campagne ou à la montagne? Pourquoi?**

Au bout de 20 minutes, quatre étudiants présentent à toute la classe les choix et les justifications de leur groupe.

## E.  PROJET

Travaillez en groupes de trois ou quatre. Recherchez à la bibliothèque des documents pour préparer un exposé oral sur le sujet suivant:

**Vacances au Québec**

Cet exposé devra indiquer où se trouve le Québec, quelle langue on y parle, ce qui caractérise cette province du Canada, ce qu'on peut y visiter, etc. Une fois terminé, l'exposé sera présenté à la classe qui posera toutes sortes de questions.

---

**SOYONS CREATIFS!**

*Writing Tips :*  **REVISING YOUR PAPER**

Always revise a paper by looking for five kinds of mistakes to avoid:

1.  Grammatical mistakes
2.  Spelling mistakes
3.  Stylistic problems
4.  Mistakes in accents
5.  Punctuation mistakes

---

*A.* Deux étudiants discutent de leurs projets de voyages. Leur conversation n'est pas terminée. Finissez-la en 50 mots.

MICHEL:   Tu sais ce que je vais faire pendant les vacances de Noël?
MARIE:   Non, quoi?
MICHEL:   Je vais à Tahiti. J'ai déjà réservé mon billet.
MARIE:   C'est super! J'aimerais bien y aller aussi. Et qu'est-ce que tu vas faire là-bas?
MICHEL:   . . .

*B.* Vous travaillez dans une agence de voyages. Les vacances scolaires approchent. En 60 mots, inventez un texte publicitaire destiné plus particulièrement aux étudiants.

*C.* Lors d'une soirée entre amis, la conversation devient très animée entre les partisans des voyages à l'aventure et leurs adversaires, qui préfèrent les voyages organisés. Imaginez la scène en un dialogue de 100 mots.

*D.* Vous allez passer vos vacances dans une île tropicale. En 150 mots, imaginez ce que vous allez y faire.

*E.* Racontez en 200 mots le dernier voyage ou la dernière excursion que vous avez fait(e). Ne ménagez pas les détails.

# Le monde des spectacles

CHAPITRE

# A SAVOIR

## LE CINEMA

| | |
|---|---|
| le billet | la séance |
| le film (policier, d'aventures, | la comédie (musicale) |
| d'espionnage, d'horreur, | la salle |
| dramatique) | la file d'attente = la queue |
| le documentaire | la star = la vedette (*no. m.*) |
| le (la) spectateur(-trice) | l'ouvreuse (*f.*)    *usherette* |
| le tournage | la place |
| le débat | la bande originale |
| l'acteur(-trice) | la version originale |
| le metteur en scène (*no. f.*) | la doublure    *stand-in* |
|    *producer, director* | la cascade    *stunt* |
| les sous-titres (*m.*)    *subtitles* | la distribution |
| le (la) figurant(e)    *extra* | l'action (*f.*) |

## LA TELEVISION

| | |
|---|---|
| le studio | l'émission (*f.*) de variétés |
| le (la) présentateur(-trice) | l'émission-jeu |
| le journal télévisé = les informations (*f.*) | la chaîne |
| le reportage | la série |
| le feuilleton    *television serial, soap* | la reprise    *rerun* |
|    *opera* | la publicité = la pub (*fam.*) |
| le public | la diffusion |
| le spot publicitaire    *commercial* | la présentation |
| le dessin animé | la chanson |
| l'écran (*m.*) | |

---

| | | |
|---|---|---|
| comique ≠ dramatique | instructif(ive) | étranger(-ère) |
| cinématographique | télévisé | culturel(le) |
| célèbre ≠ inconnu | passionné = mordu (de) | divertissant |

| | |
|---|---|
| faire du cinéma | tourner un film    *to shoot a film* |
| sous-titrer | diffuser = passer    *to broadcast* |
| jouer la comédie | passer son temps devant la télé |
| jouer un rôle | faire une cascade    *to perform a stunt* |
| doubler    *to dub* | sortir |
| mettre en scène | |

---

# PRATIQUONS!

**A.** Donnez un synonyme pour chacun des mots suivants. Construisez une phrase avec chacun d'eux.

1. la queue
2. la star
3. les informations
4. passionné
5. diffuser
6. la pub

**B.** Quel est le contraire des mots suivants? Employez chacun d'eux dans une phrase.

1. célèbre
2. comique
3. le figurant

**C.** A quoi vous font penser les mots suivants?

1. le film
2. la chaîne
3. le documentaire

**D.** Quel lien logique voyez-vous entre les mots et expressions ci-dessous? Expliquez votre réponse.

    **1.** le metteur en scène    **3.** la salle    **5.** le décor
    **2.** le tournage    **4.** l'ouvreuse    **6.** la place

**E.** Quelle différence voyez-vous entre:

    **1.** un acteur et un cascadeur?
    **2.** un film et un reportage?
    **3.** une émission de variétés et une émission-jeu?

**F.** Définissez les mots suivants.

    **1.** la doublure              **3.** la présentatrice
    **2.** les sous-titres        **4.** le documentaire

**Exploitation de l'affiche** Imaginez l'intrigue de ce film.

**G.** Complétez le texte ci-dessous en utilisant les mots et les expressions qui suivent.

| | | | |
|---|---|---|---|
| publicité | cascades | film d'aventures | sous-titres |
| sortir | version originale | spectateurs | place |
| acteurs | ouvreuse | salle | queue |
| écran | | | |

Hier nous sommes allés au cinéma voir un _____ qui vient de _____ . Il y avait une _____ immense devant l'entrée. Heureusement qu'il ne pleuvait pas! Quand nous sommes entrés dans la _____ , l'_____ nous a accompagnés jusqu'à notre _____ juste devant l'_____ ! Inutile de dire que la soirée commençait mal. Enfin, après dix minutes de _____ ,* le film a commencé. C'est là que nous nous sommes aperçus qu'il était en _____ _____ . Nous avons donc passé notre temps à lire les _____ . En plus de cela, les _____ étaient très mauvais et les _____ mal faites. Au bout d'une demi-heure, certains _____ sont partis, tant le film était stupide. Quelle soirée!

**H.** Quels sont les mots qui se définissent ainsi?

    **1.** personne qui présente une émission devant un public
    **2.** acteur(-trice) qui a un rôle peu important, généralement muet
    **3.** film réalisé à partir de la succession de dessins filmés image par image et très apprécié des enfants
    **4.** action de tourner un film
    **5.** remplacer un acteur, jouer son rôle
    **6.** ensemble d'épisodes ayant chacun leur unité et diffusés à intervalles réguliers

■ *En France, la plupart des films projetés dans les salles de cinéma sont précédés de spots publicitaires qui durent environ 20 minutes.

**I.**  Quels sont les adjectifs dérivés des noms suivants?

1. la comédie
2. la passion
3. la télévision
4. l'instruction
5. le drame
6. la culture

**J.**  *Devinettes.* Devinez le mot ou l'expression évoqué par les définitions suivantes.

1. Je suis une émission pendant laquelle les invités discutent d'un problème particulier.
2. Mon métier est de mettre en scène des films et des pièces de théâtre.
3. C'est un endroit fermé où se tourne un film ou une émission de télévision.
4. Je suis un film à caractère culturel.
5. C'est ce que font les acteurs en général.
6. Je suis un bulletin télévisé qui donne des informations.

# ACTIVITE 1

## Les programmes télévisés

### QUESTIONS AVANT LA LECTURE

1. Regardez-vous souvent la télé? Pourquoi ou pourquoi pas?
2. Quels genres de programmes vous intéressent?

### STRATEGIE DE LECTURE

1. Lisez rapidement les programmes télévisés de chaque chaîne une fois.
2. Relisez et nommez:
   a. trois feuilletons français
   b. trois feuilletons américains
   c. deux séries françaises
   d. deux émissions-jeu
   e. un film dramatique français
   f. deux émissions pour les enfants
   g. une émission de variétés françaises
   h. une émission sportive

### REPONDONS!

1. A quelle heure le journal télévisé est-il présenté sur TF1?
2. Quelles sont les deux chaînes qui diffusent le plus de films, de séries et de feuilletons?
3. Quel film aimeriez-vous regarder le soir? Pour quelles raisons?
4. Quel genre d'émissions pourrait intéresser les enfants?
5. Quels types de films passent le soir en général?
6. Quelle différence importante voyez-vous entre une chaîne américaine et une chaîne française?
7. Quel programme seriez-vous tenté(e) de regarder le soir du 29 mars? Pour quelle raison? Et vos parents, vos amis, lequel choisiraient-ils?
8. En France, il n'y a presque pas de publicité pendant les émissions et les films à la télévision. Que pensez-vous de cette différence?

# MARDI 29 MARS

*Christophe Lambert en Tarzan new-look, c'est « Greystoke » (FR3, 20.30). « Tonnerre de feu »
est le film qui inspira la célèbre série «Supercopter» (C+, 20.30). Coluche ne s'en rend pas compte,
mais il va déclencher «la Vengeance du serpent à plumes» (TF1, 20.40).*

**6.45 BONJOUR LA FRANCE.**
**8.30 LE MAGAZINE DE L'OBJET.**
**9. HAINE ET PASSIONS.**
**9.40 SURTOUT LE MATIN.**
Magazine. C'est déjà demain à 10.35. Parcours d'enfer à 11 h. On ne vit qu'une fois à 11.30.
**12. TOURNEZ... MANEGE.**
**12.50 BEBETE-SHOW.**
**13. JOURNAL.**
**13.45 DALLAS.**
**14.30 LA CHANCE AUX CHANSONS.**
Maya Casabianca.
**15. CHAHUT-BAHUT.**
Feuilleton.
**16. L'APRES-MIDI AUSSI.**
**16.45 CLUB DOROTHEE.**
**18.5 AGENCE TOUS RISQUES.**
**19. SANTA BARBARA.**
**19.30 LA ROUE DE LA FORTUNE.**
**19.50 BEBETE-SHOW.**
**20. JOURNAL.**

**6.45 TELEMATIN.**
**8.35 AMOUREUSEMENT VOTRE.**
Feuilleton.
**9. MATIN BONHEUR.**
Invité : Jean-Pierre Mader.
**11.25 DANSE AVEC MOI.**
Feuilleton.
**12.5 KAZCADO.**
**12.35 LES MARIES DE L'A2.**
Jeu.
**13. JOURNAL.**
**13.45 JEUNES DOCTEURS.**
**14.30 SI J'ETAIS VOUS.**
Magazine.
**15.25 FETE COMME CHEZ VOUS.**
**16.30 UN DB DE PLUS.** Chansons françaises.
**16.45 RECRE A2.**
**17.20 AU FIL DES JOURS.**
Série.
**17.55 MAGNUM.**
Série.
**18.45 DES CHIFFRES ET DES LETTRES.**
**19.10 ACTUALITES REGIONALES.**
**19.35 MAGUY.**
**20. JOURNAL.**

**11.30 MODES D'EMPLOI 3.**
Les hommes qui créent des emplois.
**12. EN DIRECT DES REGIONS.**
**13. ASTROMATCH.**
**13.30 LA VIE A PLEIN TEMPS.**
Magazine.
**14. OCEANIQUES... DES IDEES.**
(Reprise de lundi).
**15.5 TELE-CAROLINE.**
Magazine et jeu.
**17.5 LA DYNASTIE DES FORSYTE.**
Feuilleton.
**17.30 AMUSE 3.**
**18.30 LE MYSTERE DE L'ILE AU TRESOR.**
Feuilleton.
**19. JOURNAL 19-20.**
Régions à 19.10.
**19.55 DIPLODO.**
Dessin animé.
**20.5 LA CLASSE.**
Divertissement.

**7. TOP 50.**
**7.25 CABOU CADIN.**
En clair jusqu'à 8.25 :
**7.45 WOODY WOODPECKER.**
**8. CBS EVENING NEWS.**
**8.25 CABOU CADIN.**
**9. TROIS JOURS A VIVRE.**
Film. Cycle Daniel Gélin.
**10.40 L'ILE AUX ADIEUX.**
Film dramatique.
En clair jusqu'à 14 h :
**12.30 DIRECT.**
**14. FUEGOS.**
Film dramatique.
**15.30 MÊME HEURE L'ANNÉE PROCHAINE.**
Film comique.
**17.25 CABOU CADIN.**
En clair jusqu'à 20.30 :
**18.15 DESSINS ANIMES.**
**18.25 TOP 50.**
**18.55 STARQUIZZ.**
**19.20 NULLE PART AILLEURS.**
Invité : Louis Chédid.

**6. LE JOURNAL PERMANENT.**
**7.15 DESSINS ANIMES.**
**8.45 HAPPY DAYS.**
(Reprise de lundi).
**9.10 MONSIEUR LE MINISTRE.**
**9.35 LES SAINTES CHERIES.**
**10. ARABESQUE.**
(Reprise de lundi).
**10.50 LOU GRANT.**
**11.40 BOULEVARD BOUVARD.**
(Reprise).
**12. LA PORTE MAGIQUE.**
(Reprise).
**12.30 JOURNAL.**
**13.30 VIVE LA TELE.**
Jusqu'à 16.55.
**13.35 KOJAK.**
**14.40 LA GRANDE VALLEE.**
**15.50 MISSION IMPOSSIBLE.**
**16.55 YOUPI, L'ECOLE EST FINIE.**
**18.30 HAPPY DAYS.**
Série.
**18.55 JOURNAL.**
**19.5 LA PORTE MAGIQUE.**
**19.30 BOULEVARD BOUVARD.**
**20. JOURNAL.**

**7. M6... 7.8.9...**
Jeunesse.
**9. VOYONS ÇA ENSEMBLE.**
**9.30 BOULEVARD DES CLIPS.**
**11.25 CHER ONCLE BILL.**
Série.
**12. GRAFFI'6.**
**12.30 JOURNAL.**
**12.45 GRAFFI'6.**
**13.10 LA MAISON DESCHENES.**
Feuilleton.
**13.35 FALCON CREST.**
Feuilleton.
**14.25 MAITRES ET VALETS.**
Série.
**15.15 FAUNE NORDIQUE.**
Avoir des ailes.
**15.40 CLIP COMBAT.**
**17.5 DAKTARI.**
Série.
**18. JOURNAL.**
**18.20 LE GENDARME A NEW YORK.**
Film comique avec Louis de Funès (1965).
**19.50 JOURNAL.**
**20. LES ROUTES DU PARADIS.**
Série.

---

**20.40 LA VENGEANCE DU SERPENT A PLUMES ★**
Film comique de Gérard Oury (1984). Avec Coluche, Marushka Detmers, Farid Chopel. *Louis se retrouve, sans s'en rendre compte, impliqué dans un projet d'attentat qui vise des chefs d'Etat réunis au Mexique...*
**22.30 LE GRAND BOND.**
Europe - 1992. Émission présentée par Christine Ockrent. Avec Jack Lang, Alain Madelin, Claude Imbert.
**O. JOURNAL.**
**0.15 MINUIT SPORTS.**
Patinage artistique, gala du championnat du monde.

**20.30 MARDI CINEMA : L'HOMME AUX YEUX D'ARGENT.**
Film français de Pierre Granier-Deferre (1985). Avec Alain Souchon, Tanya Lopert, **Jean-Louis**

**Trintignant**, Lambert Wilson. *Douze ans après avoir commis un hold-up, Thierry revient chercher son butin enterré au pied d'un arbre...*
Jeux présentés par Fabrice à 22.15.
**23.30 JOURNAL.**

**20.30 GREYSTOKE ★★**
Film d'aventures américain de Hugh Hudson (1984). Avec Christophe Lambert, Ralph Richardson, Andie McDowell. *Le bébé d'un couple anglais est enlevé par une meute de singes. Il s'appellera Tarzan...*
**22.5 JOURNAL.**
**23.10 OCEANIQUES... DES IDEES.**
La Bibliothèque idéale : du bon usage d'une bibliothèque, le goût de la lecture.
**0.5 DECIBELS.**

**20.30 TONNERRE DE FEU.**
Film d'action américain de John Badham (1983).

Avec Roy Scheider, Warren Oates, **Candy Clark**. *Un ancien du Viêt-nam reconverti dans la police doit tester un nouvel hélicoptère sophistiqué...*
**22.20 VOL AU-DESSUS D'UN NID DE COUCOU.**
**0.30 LE DOCTEUR ET LES ASSASSINS.**
**1.50 PRIME DE RISQUE.**
Téléfilm.

**20.30 LES FAUCONS DE LA NUIT.**
Film américain de Bruce Malmuth (1981). Avec Sylvester Stallone, Lindsay Wagner. *New York, poursuites et luttes entre policiers et voyous...*
**22.10 SPENSER.**
Série.
**22.55 MISSION IMPOSSIBLE.**
(Reprise de l'après-midi).
**23.5 VIVE LA TELE.**
(Reprise de l'après-midi).
**2.20 ARIA DE REVE.**
Bach, Munchinger.

**20.50 LE VAINQUEUR ★**
Film de Steven H. Stern (1979). Avec Michael Douglas. *En instance de divorce, l'instable Michael se passionne pour la course à pied et veut participer aux Jeux olympiques...*
**22.45 HAWAII POLICE D'ETAT.**

Série avec **Jack Lord**.
**23.35 JOURNAL.**
**23.45 CLUB 6.**
**0.30 MAITRES ET VALETS.**
(Reprise de l'après-midi).
**1.15 BOULEVARD DES CLIPS.**

---

**TELEVISION**

# ACTIVITE 2

## « La Roue de la fortune »

### Made in U.S.A.

« La Roue de la fortune » est une copie carbone de « Wheel of Fortune », le plus populaire des jeux américains, avec une écoute moyenne, sur N.b.c., de 23 millions de fanatiques. Pour l'instant, ils ne sont que 10 millions, en France. « Nous avons acheté les plans des décors, explique Marc Gurnaud, l'heureux producteur. Mais aussi la méthode et l'expérience américaines. » Ce qui ne s'exporte pas, et c'est dommage, ce sont les candidats. Outre-Atlantique, les gagnants sont heureux, et ils le font bruyamment savoir. En s'évanouissant, dans les cas extrêmes. En France, on se contente d'inviter les participants à venir endimanchés, pour accroître l'ambiance de luxe.
Paradoxe : la chaîne ne dépense pas un centime pour les candidats. Leur déplacement, les éventuels frais d'hôtel ne sont pas remboursés. Surtout, les cadeaux sont offerts par des sociétés sponsors, trop heureuses d'entendre leur marque citée à l'antenne. Le coût de production est de 80 000 Francs. Mais, certains soirs, on distribue — gratuitement, en quelque sorte — plus de 100 000 Francs de cadeaux.

« **La Roue de la fortune** » : **la copie carbone de « Wheel of Fortune »**, **sur N.b.c.**

Les candidats doivent trouver un mot, ou un titre, ou encore une expression, en proposant des lettres au hasard. Ce qui fait dire à Jean-Michel Varnier, chercheur à Paris IX-Dauphine, que « La Roue de la fortune » est le jeu moderne par excellence. « Il repose sur un savoir en miettes, dénué de sens et réduit à des slogans. » Ne reste que l'image. Et une impression.     M. E. ■

---

### QUESTIONS AVANT LA LECTURE

1. Aimez-vous les jeux télévisés? Pourquoi ou pourquoi pas?
2. Lesquels préférez-vous? Que vous apportent-ils?

### STRATEGIE DE LECTURE

1. Lisez l'article suivant une première fois. Quel en est le sujet?
2. Relisez-le une deuxième fois pour en tirer les idées principales.
3. Certains mots vous sont probablement inconnus, mais vous pouvez deviner leur sens en vous aidant du contexte. Ainsi, que signifient les mots suivants?

**écoute:**  a. nombre de spectateurs
          b. nombre de jeux
          c. nombre de cadeaux offerts

**en miettes:**  a. énorme
             b. fragmenté
             c. extraordinaire

**endimanchés:**  a. seuls
               b. bien habillés
              c. accompagnés

*Correct answers: a, b, b*

**REPONDONS!**

1. Comment les producteurs de « La Roue de la fortune » savent-ils que cette émission-jeu est très populaire?
2. En quoi cette émission est-elle semblable à la célèbre émission américaine « Wheel of Fortune »? En quoi est-elle différente?
3. Pourquoi les participants doivent-ils venir endimanchés?
4. Qui offre tous les cadeaux aux candidats?
5. Pour quelle raison ces sociétés dépensent-elles tant d'argent en cadeaux?
6. Que doivent faire les candidats pour gagner?
7. Qu'est-ce qui fait dire à Jean-Michel Varnier que ce jeu est typiquement moderne?
8. Que pensez-vous de cette émission? Etes-vous d'accord avec ce qu'en dit Jean-Michel Varnier? Expliquez.

# Interview de Catherine Deneuve

**QUESTIONS AVANT LA LECTURE**

1. Quels acteurs français connaissez-vous? Dans quels films ont-ils joué?
2. Qu'est-ce qui vous attire le plus dans la profession d'acteur(-trice)? Qu'est-ce qui vous plaît le moins?

1. Lisez le texte suivant une fois.
2. Cherchez-y des expressions synonymes des expressions suivantes:
   a. Vous êtes différente de la **vedette** Deneuve.
   b. Quand on **joue dans un film** sans maquillage, on est émouvant.
   c. Catherine Deneuve a tourné avec des **metteurs en scène** différents.
3. Relisez-le une deuxième fois en vous concentrant sur ce que dit Catherine Deneuve sur son métier de star.

**Exploitation de l'affiche**
De quel type de film s'agit-il, à votre avis?

## INTRODUCTION

Dans l'interview qui suit, Catherine Deneuve, célèbre actrice française, parle à une journaliste du magazine *Elle* d'un de ses films, *Drôle d'endroit pour une rencontre*, et de ce qu'elle pense de son métier d'actrice.

# Interview de Catherine Deneuve

**ELLE:**  Vous jouez à nouveau une femme qui devient folle. Vous vous sentez **à l'aise** dans ce rôle?

*bien*

**CATHERINE DENEUVE:**  C'est un personnage que je comprends tout à fait. Une femme terrifiée de perdre un homme dérive lentement vers la folie. Le film est à la fois incroyable et **vraisemblable.** Je pouvais m'identifier très facilement.

*crédible*

**ELLE:**  Nous avons toutes eu des instants de folie par amour . . .

**DENEUVE:**  Il y a toujours un moment où la passion crée un déséquilibre parce qu'on aime plus qu'on est aimé. On a peur, on est obsédé par l'idée de perdre l'autre. Aimer à ce point-là c'est une forme de folie, une perversion de l'amour . . . Je pourrais parler pendant des heures là-dessus (*elle éclate de rire*).

**ELLE:**  Livide, fragile, abîmée, dans ce film vous êtes bien différente de la star Deneuve. Vous prenez encore un risque.

**DENEUVE:**  Si j'ai pris des risques, c'est pour les besoins du rôle. Quand on tourne avec moins de **maquillage,** on est tout de suite émouvante.

*makeup*

**ELLE:**  Mais pourquoi aller vous geler les pieds sous la pluie pendant des nuits de tournage? Pourquoi ne pas vous contenter de rester une star?

**DENEUVE:**  C'est vrai, si vous passez cinq jours sur un tournage, vous découvrez le côté physiquement douloureux du cinéma. Mais tourner, pour moi, est un vrai choix. Au début, on **m'engageait** pour mon physique. Heureusement, c'est très vite devenu autre chose. J'ai tourné avec des cinéastes comme Demy ou Polansky qui m'ont mise sur des rails: je me suis très vite davantage intéressée au film qu'au fait d'en être l'actrice.

*me recrutait*

**ELLE:**  Et le métier de star?

**DENEUVE:**  Je vis assez simplement. J'habite ce quartier depuis longtemps. Les gens me connaissent, je promène mon chien et je porte des paquets. Je ne sors pas de chez moi pour **m'engouffrer** dans une voiture avec des lunettes noires. Je conduis moi-même. J'ai une vie extrêmement privilégiée, mais dans un environnement assez naturel. Etre star, c'est le luxe de faire ce qui vous plaît. Ça, c'est le bon côté des choses. Cela dit, je sais que je ne peux pas aller dans un grand magasin toute seule. Les gens, les photographes, on vous attend à la sortie de l'hôtel, on **se bouscule,** vous êtes obligée d'aller à certains endroits . . . Ça, c'est le mauvais côté du statut de star.

*entrer très vite*

*gets jostled*

**ELLE:**  Vous n'aimez pas ça?

**DENEUVE:**  J'en ai horreur. Je ne peux pas non plus aller dans certains quartiers à certaines heures . . . Je ne peux pas prendre le métro. Les gens ne sont pas agressifs avec moi, mais je n'aime pas devenir un centre d'attention.

**ELLE:**  Vous dites toujours qu'avoir des enfants vous a aidée dans votre vie d'actrice.

**DENEUVE:**  Oui, parce que les acteurs ont tendance à construire leur vie autour de ce qu'ils sont: on pense à soi tout le temps, on s'explique sur soi. Avoir des enfants force à s'occuper d'autre chose que de soi. C'est un métier où on peut tourner mal, surtout les actrices. Les problèmes du quotidien m'ont aidée à garder un sens des hiérarchies.

Extrait et adapté du magazine *Elle.*

---

**Dites si les affirmations suivantes sont vraies ou fausses.**
1. Catherine Deneuve a eu du mal à s'identifier à son personnage dans son dernier film.
2. Elle adore tourner.
3. Elle aime jouer les vedettes, même dans la vie.
4. Le fait d'avoir des enfants l'a aidée à ne pas « mal tourner ».

---

**REPONDONS!**

1. Quel genre de rôle Catherine Deneuve joue-t-elle dans ce film?
2. Pourquoi dit-elle que ce film est à la fois « incroyable et vraisemblable »?
3. Pour quelle raison se sent-elle bien dans son rôle?
4. Dans quelle mesure son personnage est-il différent de ceux qu'elle joue habituellement?
5. Qu'est-ce qui a changé dans la carrière de l'actrice par rapport à ses débuts?
6. Quel genre de vie Catherine Deneuve mène-t-elle quand elle ne tourne pas?
7. Quel est le bon côté du statut de star, selon elle?
8. Quel en est le mauvais côté?
9. Pourquoi le fait d'être mère a-t-il aidé Catherine Deneuve à ne pas « mal tourner » ?
10. Si vous pouviez interviewer cette actrice, quelles questions lui poseriez-vous?

---

## DISCUTONS UN PEU!

1. Préférez-vous aller au cinéma ou regarder la télévision? Expliquez.
2. Que pensez-vous de la télévision en général?
3. Quelles émissions aimez-vous regarder? Pourquoi?
4. Quelle est votre chaîne favorite? Pour quelle raison?
5. Regardez-vous souvent les journaux télévisés? Dites pourquoi ou pourquoi pas.
6. Quel type de films aimez-vous le mieux? Justifiez votre réponse.
7. Aimeriez-vous faire du cinéma? Expliquez.
8. En France, il n'existe que six chaînes et il n'y en a qu'une qui diffuse des programmes tard dans la nuit. Que pensez-vous de ce système?
9. A votre avis, la télévision a-t-elle un rôle trop important dans notre vie quotidienne? Expliquez.
10. Si vous étiez directeur(-trice) d'une chaîne de télévision, quels genres de programmes diffuseriez-vous plus particulièrement? Pourquoi?

*C'est ça le programme scolaire?*

## METTONS-NOUS EN SITUATION!

### A. MISE EN SCENE

Les activités suivantes sont de petites scènes à jouer oralement en classe pendant cinq minutes.

1. En sortant du cinéma, trois ami(e)s discutent du film qu'ils (elles) viennent de voir et s'aperçoivent qu'ils (elles) ne sont pas du même avis.
2. La soirée s'annonçait tranquille. Vous pensiez regarder votre émission favorite à la télévision, mais voilà qu'arrivent deux de vos ami(e)s qui n'ont pas du tout envie de regarder la même chose que vous. Imaginez la conversation.
3. Votre ami(e) et vous jouez le rôle de deux journalistes qui interviewent un acteur ou une actrice célèbre. Imaginez l'entretien.
4. Avec cinq camarades de classe, jouez le rôle d'acteurs et d'actrices de cinéma célèbres qui participent à une émission télévisée sur le cinéma. Le public (joué par le reste de la classe) vous pose tout un tas de questions sur votre vie professionnelle, sur les films que vous avez tournés, sur vos ambitions, vos craintes, etc. et vous y répondez.

### B. SONDAGE

Avec trois camarades de classe, faites un sondage sur le sujet suivant:

**Qu'est-ce qui vous plaît et déplaît le plus dans la télévision américaine? Quels changements souhaiteriez-vous?**

Notez les réponses des personnes interrogées, organisez-les et présentez-les au reste de la classe qui commentera.

### C. DISCUSSION

Avec deux ami(e)s, vous avez décidé d'aller au cinéma, mais vous ne savez pas quel film choisir. Vous lisez dans un journal les descriptifs de trois films (ci-après) qui vous semblent intéressants. Mais, comme aucun(e) de vous n'a envie de voir le même film, vous essayez de justifier votre choix en en discutant.

Jouez cette scène devant toute la classe qui pourra aussi donner son point de vue sur ces trois films.

---

### L'autre nuit

(Fr.) Durée : 1 h 30

A la suite d'un accident de voiture, Marie et son jeune frère Eric se retrouvent orphelins. Parents et enfants devaient se retrouver le lendemain pour partir en vacances sur un bateau... Marie, prévenue par la police, dissimule la vérité à Eric et commence une enquête pour retrouver le responsable de leur malheur... Présenté à Cannes, par « Perspectives du Cinéma Français », *L'autre nuit* est le second film de Jean-Pierre Limosin *(Gardien de la nuit).*

**Réalisation:** Jean-Pierre Limosin. **Scénario:** Jean-Pierre Limosin, Emmanuelle Bernheim. **Production et distribution:** Lasa Films. **Avec:** Julie Delpy, Sylvain Jamois, Luc Thuillier, Roger Zabel.

### Drôle d'endroit pour une rencontre

(Fr.) Durée : 1 h 40

U n vendredi soir, sur l'autoroute, une femme est abandonnée par son mari. A quelques pas de là, un automobiliste, en panne, démonte son moteur. L'histoire se termine le dimanche soir. Que va-t-il se passer pendant ce laps de temps ? Catherine Deneuve et Gérard Depardieu prêtent leur passion au premier long métrage de François Dupeyron, réalisateur de documentaires célèbres et de courts métrages.

**Réalisation:** François Dupeyron. **Scénario:** François Dupeyron, Dominique Faysse. **Production:** Hachette Première, Hachette Productions, Films A2, DD Productions, Deneuve Sa, Orly Films, Editions Sidonie. **Distribution:** U.G.C. **Avec:** Catherine Deneuve, Gérard Depardieu, André Wilms, Nathalie Cardone, Jean-Pierre Sentier.

### L'étudiante

(Fr.) Durée : 1 h 42

V alentine prépare son agrégation de Lettres. Elle est sérieuse, acharnée et organisée... Edouard est l'inverse ; artiste, désorganisé, farfelu... Aussi sont-ils bien embarrassés de l'amour qui leur échoit ! Vont-ils réussir à l'accueillir, à le protéger ? Le nouveau film de Claude Pinoteau *(La gifle, La boum, La 7e cible)* réunit Sophie Marceau et Vincent Lindon dans une comédie romantique.

**Réalisation:** Claude Pinoteau. **Scénario:** Danièle Thompson, Claude Pinoteau. **Production:** Gaumont, TF1 Films Production. **Distribution:** Gaumont. **Avec:** Sophie Marceau, Vincent Lindon, Elisabeth Vitali, Jean-Claude Legu.

## D. TABLES RONDES

Tous les étudiants de la classe commentent tour à tour les sujets suivants.

### Expressions utiles à la discussion

- **Ça ne fait rien** *It doesn't matter*
- **C'est ridicule**
- **C'est vrai? Ah, bon?** *Oh, really?*

1. Les acteurs sont trop payés.
2. La télévision: l'opium du peuple?
3. Pour ou contre la pub à la télé
4. L'impact des films sur les jeunes

## E. PRESENTATION ORALE

Avec trois camarades de classe, allez à la bibliothèque et cherchez-y des documents et des articles sur l'histoire du cinéma. Organisez vos recherches et présentez-les oralement à la classe qui vous posera des questions.

## SOYONS CREATIFS!

*Writing Tips:* **REVISING YOUR PAPER**

### Grammatical Mistakes

Before handing in your paper, look for mistakes that can be easily avoided:

- **Subject-verb agreement.** Did you write *ils mange* or *elle viennent* or *nous adorent?* Check.
- **Noun-adjective agreement.** Check the gender of all nouns in the dictionary, and make the adjectives agree with the nouns. Do not write, for example, *les vacances ont été merveilleux* or *ma mère s'est acheté une nouveau voiture.*
- **Subordinating conjunctions.** Certain subordinating conjunctions require the subjunctive: *afin que (pour que), avant que, à moins que, bien que, sans que, jusqu'à ce que,* etc. Do not write *j'apprends le français pour que je peux aller en France.*

*A.* En 50 mots, rédigez le descriptif d'un film qui vous a beaucoup plu. Suivez le modèle à la page 121.

*B.* En 70 mots, terminez le dialogue qui suit.

PASCAL: Moi, j'adore la télé. Je passe des heures à la regarder.
JEAN: Eh bien! Pas moi! Je préfère lire un bon livre. Je trouve que la télé rend les gens trop passifs.
PASCAL: Ça dépend des émissions que tu regardes. En tout cas, moi, la télé ça me distrait. Ça ne te distrait pas, toi?
JEAN: . . .

*C.* En 100 mots, dites ce que vous pensez de la télévision américaine.

*D.* En 150 mots, imaginez un dialogue entre deux ami(e)s qui se disputent parce qu'ils (elles) n'ont pas les mêmes goûts en matière d'émissions télévisées.

*E.* En 200 mots, composez un essai sur l'importance du cinéma dans la vie actuelle.

# Les affaires culturelles

# A SAVOIR

## LA LECTURE

le (la) lecteur(trice)
le livre (de poche) = le bouquin
le roman (policier, d'aventures,
    d'espionnage, d'amour)
le (la) romancier(-ière)   *novelist*
l'écrivain (e)   *writer*
le best-seller

le chef-d'œuvre   *masterpiece*
la nouvelle   *short story*
l'intrigue (*f.*)   *plot*
la science-fiction
la poésie
la bande dessinée   *cartoon*
la revue   *magazine*

## LE LANGAGE

l'argot (*m.*)   *slang*
le son
le sens   *meaning*

la langue (étrangère ≠ maternelle)
l'orthographe   *spelling*

## LE THEATRE

le public   *audience*
le spectacle
le metteur en scène
le critique   *critic*
l'échec (*m.*) ≠ le succès
le rôle

la pièce   *play*
la représentation   *performance*
la mise en scène   *production*
la scène   *stage*
la critique   *review*
la répétition   *rehearsal*

---

éducatif(-ive) = instructif(-ive)
distrayant = divertissant
contemporain = actuel(le)
touchant = émouvant
francophone

humoristique
illustré
autobiographique
cultivé = érudit   *learned*
comique ≠ dramatique

se cultiver
feuilleter (un livre)   *to leaf through*
lire en diagonale   *to skim*
Il s'agit d'une nouvelle.
Ce roman traite de l'esclavage.
Ce texte comprend (se divise en, se
    compose de) trois parties.
L'action se passe (se déroule) à Paris
    au XVIIIe siècle.
Cette pièce se joue tous les soirs.
Ce livre est paru (a été publié) en 1976.

châtier son langage = to refine one's
    language
massacrer (une langue) = estropier (un
    mot)
mettre en scène
jouer un rôle
répéter   *to rehearse*
avoir le trac
applaudir
faire un four ≠ faire un tabac   *to be a*
    *flop ≠ to be a success*

# PRATIQUONS!

**A.** A quels autres mots vous font penser les mots suivants?

**1.** la lecture        **2.** la pièce de théâtre        **3.** le langage

**B.** Donnez un synonyme pour chacun des adjectifs suivants. Construisez une phrase avec chacun d'eux.

**1.** divertissant        **2.** touchant        **3.** instructif

**C.** Donnez le contraire des mots ou expressions ci-dessous, puis employez chaque contraire dans une phrase.

**1.** la langue étrangère        **3.** faire un four
**2.** le succès        **4.** massacrer une langue

**D.** Définissez les mots suivants.

**1.** le best-seller        **2.** le public        **3.** comique

**E.** Quelle est la différence entre:

**1.** un livre éducatif et un livre distrayant?
**2.** un livre autobiographique et un livre d'histoire?
**3.** le public et le critique?

**F.** Lisez les définitions données, et dites à quels mots de la liste ci-dessous elles correspondent.

**la poésie**        **la critique**        **le rôle**
**la revue**        **la répétition**

**1.** C'est l'action de répéter une pièce, un ballet, un concert avant de les présenter au public.
**2.** C'est l'art d'écrire des poèmes.
**3.** C'est ce que joue un acteur.
**4.** C'est l'art de juger une œuvre littéraire, artistique, etc.
**5.** C'est un synonyme de *magazine*.

**G.** Répondez aux questions suivantes.

**1.** De quoi traite le dernier livre que vous avez lu?
**2.** Où se passait l'action?
**3.** Quand châtiez-vous votre langage? Quand le massacrez-vous?
**4.** Comment un(e) acteur(-trice) peut-il (elle) vaincre son trac?

**H.** Exprimez les phrases en italique d'un manière différente.

**1.** Ce livre *parle de* la Deuxième Guerre mondiale.
**2.** Le texte *se compose de* trois parties.
**3.** L'action de ce roman *se passe* à New York en l'an 2000.
**4.** Cette pièce *est jouée* quatre fois par semaine.
**5.** Cette bande dessinée *a été publiée* l'année dernière.

**I.** *Devinettes.* Devinez le mot ou l'expression évoqué par les phrases suivantes.

**1.** Je représente un ensemble de personnes réunies dans une salle pour voir un spectacle.
**2.** Dans un théâtre, les acteurs jouent et marchent sur moi.

3. Vous me parlez depuis votre enfance.
4. Il met en scène des pièces de théâtre.
5. C'est l'action de tourner les pages d'un livre très rapidement.
6. Un auteur de romans est aussi appelé un(e) _____ .
7. Quand une pièce est finie, c'est ce que font les spectateurs s'ils l'ont aimée.
8. Je suis un livre qui raconte la vie de son auteur. Quel genre de livre suis-je?
9. Les gens qui parlent français sans être nécessairement français s'appellent des _____ .

# ACTIVITE 1

## Les cours Atlas

### QUESTIONS AVANT LA LECTURE

Parlez-vous une langue autre que votre langue maternelle? Si oui, dites laquelle et expliquez comment vous l'avez apprise. Sinon, pensez-vous qu'il est important de parler une ou plusieurs langues étrangères de nos jours? Expliquez.

### STRATEGIE DE LECTURE

1. Lisez le titre de cette publicité et les sous-titres en caractères gras. A votre avis, de quoi parle ce texte?
2. Lisez le texte une fois en entier en ne vous arrêtant pas sur les mots que vous ne comprenez pas. Essayez de les deviner.

3. Certains mots vous sont peut-être inconnus, mais vous pouvez deviner leur sens parce qu'ils ressemblent à des mots anglais que vous connaissez. Par exemple, dans la phrase « une méthode qui **a fait ses preuves** », vous reconnaissez probablement le mot **preuve** qui ressemble au verbe anglais *to prove*. Vous pouvez donc deviner le sens de cette expression: *a method that has proved itself*.
4. Dressez la liste des mots que vous pouvez ainsi deviner.
5. Relisez le texte une dernière fois et répondez aux questions.

---

**REPONDONS!**

---

1. Quelles langues peut-on apprendre avec les cours Atlas?
2. Pourquoi cette méthode est-elle très accessible à tous?
3. A votre avis, que signifie le mot *audio-éducatif?*
4. Comment progresse-t-on en suivant ces cours?
5. Selon vous, quel est l'avantage de ce genre de cours? Quel peut en être l'inconvénient?
6. Avez-vous déjà utilisé ce genre de méthode pour apprendre une langue? Si oui, qu'en avez-vous pensé? Sinon, expliquez pourquoi.

## ACTIVITE 2
# Résumés de livres

---

**QUESTIONS AVANT LA LECTURE**

---

Lisez-vous beaucoup? Si oui, quels genres de livres lisez-vous? Si vous ne lisez pas très souvent, expliquez pourquoi.

## STRATEGIE DE LECTURE

Les deux textes qui suivent sont des résumés de romans.

1. Lisez chacun d'eux deux ou trois fois en essayant de saisir l'idée générale du livre.
2. N'utilisez les notes suivantes que si vous ne pouvez pas deviner un mot ou une expression par son contexte ou par sa racine.

**aborder:**  ici: parler de
**trouver la juste mesure:**  trouver ce qu'il faut faire
**étouffer:**  *to smother*
**un Beur:** *(fam.)*  un immigré du Maroc, de Tunisie ou d'Algérie
**le témoignage:** *testimony*
**inédit:**  original
**parvenir à :**  réussir à
**au terme de:**  après
**la portée:**  bearing

## Adbellah Ouahhabi
# UN BEUR À MOSCOU

**U**n *Beur à Moscou* est le premier livre d'un Arabe sur l'Union soviétique. C'est un double témoignage. D'abord celui, inédit, d'un jeune Algérien de culture française qui a passé six ans en URSS, où il s'est marié, et où il a connu le racisme ordinaire. Celui, ensuite, d'un homme à qui on a volé son enfant – retenu par les autorités de Moscou – et qui a dû se battre, seul, contre tout un système.

Abdellah Ouahhabi ne parviendra à récupérer son fils qu'au terme d'une lutte de plusieurs années. La force des sentiments exprimés n'oblitère en rien, ici, la portée politique de cet exceptionnel "Vécu"

*Lire*, avril 1988

## Carole Klein
# MÈRES ET FILS

Mères-fils : une relation puissante autant que difficile. Le livre de l'Américaine Carole Klein aborde ce sujet sous un angle précis : celui du regard que la mère porte sur son fils. Quelle attitude adopter pour la mère? Quelles tentations rejeter? Comment trouver la juste mesure pour ne pas étouffer son fils? Avec un regard de mère, Carole Klein répond à ces questions.

Collection
"Réponses"
248 pages 89 F

**MÈRES ET FILS**
CAROLE KLEIN

## REPONDONS!

1. Quel type de livre Carole Klein a-t-elle écrit?
2. A qui s'adresse ce livre?
3. Quel genre de conseils Carole Klein donne-t-elle aux mères?
4. Pour quelle raison l'auteur est-elle particulièrement compétente pour écrire un livre sur ce sujet?
5. Pourquoi le livre de Ouahhabi est-il original?
6. De quoi parle ce livre?
7. Quel type de roman est-ce, à votre avis?
8. Lequel de ces deux livres seriez-vous plutôt tenté(e) de lire? Pourquoi?

# La manie du raccourci

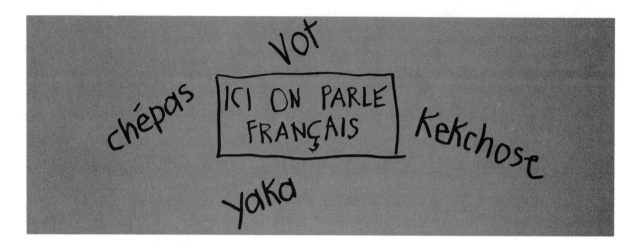

## QUESTIONS AVANT LA LECTURE

Etudiez les phrases anglaises suivantes.

- *I am going to go shopping.*
- *She is kind of nice.*
- *You have got to help me.*
- *I will talk to them.*

N'auriez-vous pas tendance à les raccourcir ainsi si vous deviez les dire dans une conversation courante?

- *I'm gonna go shopping.*
- *She's kinda nice.*
- *You gotta help me.*
- *I'll talk to 'em.*

Pensez-vous qu'un étranger apprenant l'anglais vous comprendrait aisément? Pourquoi?

## STRATEGIE DE LECTURE

Lisez le texte en entier, mentalement, mais lisez les expressions entre guillemets à haute voix plusieurs fois pour deviner ce qu'elles veulent dire. Si vous ne comprenez pas, regardez dans la marge à quoi elles correspondent.

---

| INTRODUCTION |
| --- |

Vous est-il déjà arrivé d'entendre parler des Français et d'être découragé(e), voire affolé(e) par ces avalanches de mots que vous ne comprenez pas? Le texte qui suit montre de façon humoristique comment nous, les Français, raccourcissons les mots et comment ceux-ci s'enchaînent les uns aux autres dans nos conversations quotidiennes, au grand désespoir de ceux qui veulent nous comprendre.

# La manie du raccourci

Une Française domiciliée à New-York depuis plusieurs années raconte que presque tous les après-midi, lorsqu'elle ramène sa fille de l'école, elle monte dans l'ascenseur en même temps qu'un monsieur américain. Un jour, celui-ci lui adresse la parole en s'excusant de lui parler ainsi. Il lui explique, toutefois, qu'il a fait plusieurs années de français et qu'il aime énormément entendre parler cette langue si musicale. Voilà pourquoi il a été si indiscret, n'ayant pu s'empêcher d'écouter, pendant les brefs instants dans l'ascenseur, les conversations entre les deux Françaises. Maintenant, **s'il ose** ainsi se manifester, c'est que tous les jours *if he dares* la mère emploie au dernier moment un mot qu'il a cherché dans plusieurs dictionnaires sans jamais le trouver. Il a cherché aux lettres « ta » et « tha ». Zéro! Rien! Introuvable! On lui demande quel mot. Et il répond: « Tous les jours, vous finissez votre conversation en disant « **tataclé** »? *«tu as ta clé»*

Effectivement, « tataclé » ne se trouve ni dans les dictionnaires ni dans les manuels. C'est bien pour cette raison qu'il n'est pas étonnant d'entendre des personnes **de bonne volonté** qui ont étudié le français, quelquefois même assez *bien intentionnées* longtemps, **se plaindre** de ne rien comprendre lorsqu'elles entendent parler des *se lamenter* Français. En fait, il arrive rarement que l'on parle selon les normes des manuels (c'est probablement vrai de toutes les langues). Mais examinons quelques-unes des expressions que nous employons si souvent et qui **déroutent** les étrangers. *déconcertent*

Chaque fois que je dis « **chépas** » j'ai du mal à me faire comprendre de ceux *« je ne sais pas »* qui s'attendent à un négatif plus complet et contenant forcément un « n ». « **Chui** » *« je suis »* est peut-être plus facile à **décrypter**. Mais comment réagir devant le sempiternel *decipher* « **yaka** » : « Pour aller à l'Etoile? Yaka prendre le métro; **chui sûr ksé direct.** » *« il n'y a qu'à » /* « Vous voulez un taxi? Yaka téléphoner à Radio-Taxi », etc. *« Je suis sûr que c'est direct ».*

Lorsqu'on écoute un **enregistrement** de sa propre voix, on est souvent surpris de *recording* ce qu'on dit sans y faire attention. Un jour, à un **colloque** au sujet de la linguis- *symposium* tique, un débat sur la grammaire avait pris des proportions de querelle: les uns **soutenaient** que les gens **un tant soit peu** cultivés parlaient « bien », alors que *maintained /* l'autre camp insistait sur le fait que tout le monde se laisse aller à un français assez *somewhat* **relâché** lorsque la situation est telle qu'on ne fait pas particulièrement attention *lax* à son langage. **Sur ce,** un membre du premier groupe a quitté la séance en *Thereupon* **claquant** la porte et en proclamant très haut: « Isavpaskidiz. » *slamming/ « ils ne savent pas ce qu'ils disent. »*

Un « l » disparaît souvent dans la **tourmente**, et la lettre « r » aussi. On entend *hustle and bustle* régulièrement au négatif des énoncés tels que: « **inviendront pas** », « **enle fera** *« ils ne viendront pas »* **pas** » (et même heureusement plus rarement, « kekchose » et « kekfois »!). *Votre* et *notre,* devant une consonne, se disent le plus souvent « vot » et « not » comme, *« elle ne le fera pas »* par exemple, dans la phrase: « Comment va vot père? » Ce sont là des phénomènes naturels et explicables quoique **gênants** pour l'étudiant dans ses premiers con- *annoying* tacts avec la langue parlée.

Quant à l'« n » qui est censé accompagner tous les négatifs, « **chépas où i peut bien et passé** ». Le dramaturge anglais George Bernard Shaw faisait remarquer avec une certaine ironie qu'on reconnaît parfois un étranger parce qu'il parle plus correctement que ceux qui respectent moins leur langue maternelle. Il avait peut-être raison.

« je ne sais pas où il peut bien être passé »

Extrait de l'hebdomadaire *France-Amérique*.

Alfonce, dis kékchose !!

---

**REPONDONS!**

1. Pourquoi le monsieur américain a-t-il décidé un jour d'adresser la parole à la dame française?
2. A votre avis, pourquoi n'a-t-il pas osé lui parler plus tôt?
3. Pour quelle raison le dictionnaire ne lui a-t-il été d'aucun secours?
4. Que pensez-vous de cette anecdote?
5. Quelle était la raison de la querelle des linguistes?
6. En quoi la fin de cette anecdote est-elle particulièrement comique?
7. Trouvez-vous que ce qu'a dit George Bernard Shaw soit juste?
8. Selon vous, cette « manie du raccourci » existe-t-elle aussi en anglais et dans d'autres langues? Donnez des exemples.

---

## DISCUTONS UN PEU!

1. Quels genres de livres aimez-vous lire? Si vous ne lisez pas souvent, expliquez pour quelles raisons.
2. Pensez-vous que la lecture soit menacée par l'audiovisuel, le cinéma et l'informatique? Expliquez.
3. Qu'est-ce qu'un bon bouquin pour vous?
4. Vous connaissez certainement des best-sellers. Nommez-en un et expliquez la raison de son succès.
5. Vous est-il déjà arrivé de lire des livres en diagonale? Dans quelles occasions?
6. A votre avis, comment peut-on se cultiver?
7. Quelle est la meilleure façon d'apprendre une langue étrangère, selon vous?
8. De nos jours, la plupart des gens ont la « manie du raccourci ». Que pensez-vous de cette manie? Quelles pourraient en être les conséquences?
9. Si vous êtes déjà allé(e) au théâtre, comment était la dernière pièce que vous ayez lue? Si vous n'y êtes jamais allé(e), dites pourquoi.
10. Si vous deviez choisir entre un après-midi passé à lire et un après-midi passé à visiter un musée, que choisiriez-vous? Pour quelle raison?

## A. MISE EN SCENE

Les activités suivantes sont de petites scènes à jouer oralement en classe pendant 10 à 15 minutes.

1. Avec un(e) camarade de classe, jouez les rôles de deux critiques de cinéma qui discutent du dernier film qu'ils viennent de voir et qui ne sont pas d'accord.
2. Un représentant de la société Atlas tente de vous persuader d'acheter une nouvelle méthode audiovisuelle pour apprendre le français. Vous refusez au début, mais vous finissez par vous laisser convaincre.
3. Vous avez l'intention d'aller passer un mois en France pour améliorer vos connaissances en français et votre prononciation. Vous demandez à un(e) ami(e) qui a déjà fait un tel séjour des informations et des conseils. Imaginez la conversation.

## B. INTERVIEW

Avec deux ou trois camarades de classe, jouez le rôle de journalistes et interviewez le reste de la classe sur le sujet suivant:

**Quel genre de livre aimez-vous lire?**

Demandez à vos camarades d'expliquer leurs réponses.

## C. JEU DES DEVINETTES

Deux camarades de classe et vous choisissez trois best-sellers connus. Le reste de la classe essaie de deviner quels sont ces livres en vous posant toutes sortes de questions auxquelles vous ne pouvez répondre que par « oui » ou par « non ». Ces questions porteront sur le genre littéraire, l'auteur, le lieu où se déroule l'action, etc.

## D. TABLES RONDES

Tous les étudiants de la classe commentent tour à tour les sujets suivants.

### Expressions utiles à la discussion

- **je suis convaincu(e) que** *I am convinced that*
- **bien sûr!** *of course!*
- **tu es fou(folle)?** *are you crazy?*

1. Qu'est-ce qui fait un best-seller?
2. Devrait-on toujours châtier son langage?
3. Quelles sont les meilleures façons d'apprendre une langue?
4. Apprend-on à aimer la lecture à l'école?

## E. PROJET

Avec quelques camarades de classe, faites un sondage auprès de vos professeurs, de vos parents et de vos amis sur le sujet suivant:

**Quel est l'avenir de la lecture dans ce monde informatisé?**

Notez leurs réponses, organisez-les et présentez le résultat de votre sondage oralement à toute la classe. La présentation terminée, demandez à la classe ce qu'elle pense de ces résultats.

## SOYONS CREATIFS!

*Writing Tips :* **REVISING YOUR PAPER**

### Stylistic Problems

Check your paper again. To improve your style, ask yourself the following questions:

☐  Does this word express exactly what I mean, or can I find a better one?
☐  Isn't this sentence too long or too confusing?
☐  Did I include enough details?
☐  Does my essay seem to hang together logically?

How can the following passage be improved?

> J'ai passé un très bon week-end avec mes cousins, mes tantes, mes parents et mes amis. Nous avons nagé à la plage et mangé des sandwichs. C'était bien. Il faisait beau.

Here is one improved version:

> La semaine dernière, j'ai passé un week-end formidable avec des amis et plusieurs membres de ma famille, y compris mes parents. Nous sommes tous allés à la plage, où nous avons nagé et dégusté de délicieux sandwichs que ma tante avait préparés spécialement pour l'occasion. Le soleil brillait. Il n'y avait pas un seul nuage dans le ciel. Quelle merveilleuse journée nous avons tous passée!

**A.** En 50 mots, imaginez une courte critique de film écrite pour un journal par un critique professionnel.

**B.** Terminez le dialogue suivant en 70 mots.

JENNIFER:  Tu sais, j'ai l'intention de passer six mois en France l'année prochaine. Il faut que je commence à apprendre le français. Tu connais une bonne méthode?
RACHELLE:  Pourquoi tu n'essaies pas les cours Atlas?
JENNIFER:  Qu'est-ce que c'est?
RACHELLE:  . . .

**C.** Résumez en 90 mots le dernier roman que vous avez lu.

**D.** Vous adorez lire et vos lectures sont très variées. Votre ami(e), par contre, a horreur de cela. En un dialogue de 120 mots, imaginez une conversation très animée entre votre ami(e) et vous dans laquelle chacun(e) de vous essaie de se justifier.

**E.** En 150 mots, imaginez quelles pourraient être les premières lignes d'un roman de science-fiction passionnant.

# Les problèmes
# de société

CHAPITRE

# 11

# A SAVOIR

## LES ACCIDENTS DE LA ROUTE

l'alcool (*m.*)
l'excès (*m.*) de vitesse
les dégâts   *damages*
l'amende (f.)   *fine*

la vitesse
la limitation de vitesse
le (la) chauffard(e)   *reckless driver*
l'alcootest (*m.*)   *breathalizer*

## LE SIDA*

le fléau   *scourge*
le dépistage   *screening*
le (la) conseiller(-ère)

l'épidémie (*f.*)
la prévention
la transfusion sanguine

## LA DROGUE

le (la) drogué(e) = le (la) toxicomane
le (la) trafiquant(e)
le revendeur = le passeur   *pusher*
le (la) mineur(e)
le (la) délinquant(e)
le (la) criminel(le)
le (la) meurtrier(-ère)
l'ivrogne (*m., f.*)
le délit = le crime
le voyou (*no f.*) = le blouson
   noir   *hoodlum*

le (la) voleur(-euse)
le (la) cambrioleur(-euse)   *burglar*
la drogue = le stupéfiant
la toxicomanie   *drug addiction*
la cocaïne
l'héroïne (*f.*)
la délinquance juvénile
la cure de désintoxication
la criminalité
la violence ≠ la non-violence
la prison
la condamnation

## D'AUTRES PROBLEMES

l'alcoolisme (*m.*)
le terrorisme

le suicide

| | | |
|---|---|---|
| drogué | intoxiqué ≠ désintoxiqué | vulnérable |
| marginal | influencé (par) | alcoolique |
| criminel(le) | brutal = violent | contagieux(-euse) |
| accusé (de) | incurable | désemparé   *helpless* |
| fidèle ≠ infidèle | mineur ≠ majeur | accroché (accro)   *addicted* |

se droguer ≠ se faire désintoxiquer
faire du trafic de drogue
vivre en marge de la société
commettre (un crime, un délit)
incarcérer = mettre en prison
tuer
contracter = attraper (une maladie)

s'en sortir ≠ rechuter   *to pull through*
   ≠ *to have a relapse*
se procurer de la drogue
se passer (de)
conseiller
traîner dans les rues   *to hang around*
voler
se suicider

■ * Syndrome d'immuno-déficience acquise

# PRATIQUONS!

**A.** Donnez un synonyme pour chaque mot ou expression ci-dessous. Employez-le dans une phrase.

1. le crime
2. mettre en prison
3. le drogué
4. contracter
5. violent
6. le blouson noir

**B.** Quel est le contraire des mots suivants? Employez chacun d'eux dans une phrase.

1. intoxiqué
2. la violence
3. s'en sortir
4. majeur
5. curable
6. fidèle

**C.** A quoi vous font penser chaque mot ou expression qui suive?

1. la violence
2. l'épidémie
3. le trafiquant
4. la cure de désintoxication
5. la prison

**D.** Quelle différence voyez-vous entre:

1. un trafiquant et un passeur de drogue?
2. un(e) drogué(e) et un(e) désintoxiqué(e)?
3. un(e) voleur(-euse) et un(e) cambrioleur(-euse)?

**E.** Quel lien voyez-vous entre:

1. un(e) terroriste et un(e) meurtrier(-ère)?
2. un(e) toxicomane et un(e) alcoolique?
3. la transfusion sanguine et le sida?

**F.** Définissez les mots suivants.

1. la prison
2. le suicide
3. l'ivrogne
4. contagieux
5. le voyou
6. le fléau

**G.** Complétez les phrases suivantes de façon logique en utilisant les mots de la liste de vocabulaire.

1. Les trafiquants font du _____ _____ _____ .
2. Un(e) drogué(e) est une personne qui _____ _____ .
3. Seule une _____ _____ _____ peut aider un(e) toxicomane à se sortir de son problème.
4. Une personne qui boit trop est _____ .
5. Un meurtrier est quelqu'un qui _____ _____ _____ .
6. Les délinquants sont des marginaux, c'est-à-dire qu'ils vivent en _____ _____ _____ _____ .

**H.** Donnez les adjectifs qui correspondent aux noms suivants.

1. le crime
2. la marge
3. la désintoxication
4. la cure
5. l'alcool
6. la drogue

**I.** Complétez le texte qui suit en choisissant parmi les mots de la liste ci-dessous.

| | | |
|---|---|---|
| stupéfiants | tue | criminels |
| meurtriers | criminalité | violents |
| contagieuse | mineurs | voleurs |

Dans notre monde moderne, la _____ est un problème terrible qui touche non seulement les adultes, mais aussi les _____ . Le trafic des _____ a pris des proportions énormes, ce qui a augmenté le nombre des actes _____ et _____ . Une nouvelle maladie _____, le sida, _____ chaque année des centaines de milliers de personnes. Les prisons sont pleines de _____ et de _____ qui paient le prix de leurs actes envers la société.

**J.** *Devinettes.* Devinez les mots évoqués par les phrases suivantes.

**1.** C'est l'abus de boissons alcoolisées.
**2.** C'est une personne qui n'a pas encore atteint l'âge de la majorité légale (en France, 18 ans).
**3.** C'est l'ensemble des actes violents commis par une organisation pour créer un climat d'insécurité.
**4.** C'est une personne qui donne des conseils.
**5.** C'est l'action de condamner une personne.
**6.** C'est une atteinte simultanée d'un grand nombre d'individus par une maladie contagieuse comme le choléra ou le sida.
**7.** C'est une personne qui entre dans une maison pour voler ce qu'il y a à l'intérieur.
**8.** C'est une grande calamité publique.

# Tour de France de la criminalité

**Le bilan dans les grandes métropoles en 1980**

| Classement | Nombre de crimes et de délits | Variations 1979/1980 |
|---|---|---|
| 1. Paris (intra-muros) | 281 268 | + 7,99 % |
| 2. Marseille | 73 372 | + 14,13 |
| 3. Lyon | 68 668 | + 15,05 |
| 4. Bordeaux | 49 182 | + 24,80 |
| 5. Lille | 36 025 | + 24,22 |
| 6. Nice | 25 141 | + 2,08 |
| 7. Toulouse | 26 582 | + 9,00 |
| 8. Strasbourg | 21 194 | + 1,20 |
| 9. Grenoble | 24 778 | + 30,01 |
| 10. Montpellier | 15 703 | + 7,87 |
| 11. Rouen | 22 180 | + 0,01 |
| 12. Toulon | 18 445 | + 11,08 |

**Le taux de criminalité dans les 36 villes de plus de 90 000 habitants en 1980**

*L'Express,*
29 janvier 1982

D'après ces statistiques, que peut-on dire de la criminalité en France? Est-ce la même chose aux Etats-unis?

# ACTIVITE 1

## Sondage sur l'insécurité routière

1. Avez-vous peur de conduire? Justifiez votre réponse.
2. Quels sont, à votre avis, les principales causes des accidents de la route?

**STRATEGIE DE LECTURE**

1. Lisez les sept tableaux de ce sondage une fois sans vous arrêter sur les mots que vous ne comprenez pas.
2. Relisez-les une deuxième fois et dites quelle est l'idée générale de chacun d'eux.
3. Aidez-vous des explications suivantes pour parfaire votre compréhension.

**le réseau routier:**  l'ensemble des routes et des autoroutes d'un pays
**les pouvoirs publics:**  l'ensemble des autorités qui gouvernent l'Etat
**le permis de conduire:**  une licence qui permet de conduire
**brûler un feu rouge:**  ne pas s'arrêter à un feu rouge
**l'accrochage:**  un petit accident
**90 km/h:** 56 mph; **80 km/h:** 50 mph; **110 km/h:** 69 mph; **150:** 94 mph

**1** D'une manière générale, trouvez-vous que la conduite automobile est aujourd'hui ?

| | |
|---|---|
| - Très dangereuse .......................... | 22 ⎫ |
| | ⎬ **85** |
| - Assez dangereuse...................... | 63 ⎭ |
| - Peu dangereuse ...................... | 12 |
| - Ou pas dangereuse du tout.......... | 2 |
| Sans opinion.............................. | 1 |
| | 100 % |

**2** Parmi ces différents éléments, quelles sont, selon vous, les deux causes principales des accidents de la route ?

| | |
|---|---|
| – L'alcool...................................... | **84** |
| – La vitesse................................. | 49 |
| – Le non-respect de la signalisation (stops, lignes continues, etc.) .. | 27 |
| – La fatigue ................................. | 21 |
| – Le mauvais état du réseau routier ................................................. | 9 |
| – La puissance excessive des véhicules...................................... | 7 |
| Sans opinion.............................. | 1 |
| (1) Le total des pourcentages est supérieur à 100, les personnes interrogées ayant pu donner deux réponses. | % (1) |

**3** Actuellement la vitesse sur route est limitée à 90 km/h. Pensez-vous que cette limation devrait être...

| | |
|---|---|
| ... abaissée (à 80 km/h par exemple) ....................................................... | 4 |
| ... augmentée (à 100 km/h par exemple) ...................................................... | 17 |
| ... ou maintenue tel que.................. | **76** |
| Sans opinion.............................. | 3 |
| | 100 % |

**4** Sur autoroute, la vitesse est limitée à 130 km/h. Pensez-vous que cette limitation devrait être...

| | |
|---|---|
| ... abaissée (à 110 km/h par exemple) ....................................................... | 10 |
| ... augmentée (à 150 km/h par exemple) ...................................................... | 19 |
| ... ou maintenue tel que.................. | **69** |
| Sans opinion.............................. | 2 |
| | 100 % |

**5** A propos du nombre élevé d'accidents de la route en France, estimez-vous...

| | |
|---|---|
| ... que c'est une fatalité et qu'il n'y a pas grand-chose à faire .............. | 8 |
| ... ou que si les pouvoirs publics prenaient réellement des mesures, il y aurait beaucoup moins d'accidents................................................ | **85** |
| Sans opinion.............................. | 7 |
| | 100 % |

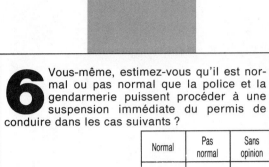

**6** Vous-même, estimez-vous qu'il est normal ou pas normal que la police et la gendarmerie puissent procéder à une suspension immédiate du permis de conduire dans les cas suivants ?

| | Normal | Pas normal | Sans opinion |
|---|---|---|---|
| Excès de vitesse ........................... 100 % | **54** | 40 | 6 |
| Conduite en état d'ivresse (plus de 0,80 g d'alcool par litre de sang) ............ 100 % | **96** | 3 | 1 |
| Non respect d'un stop ........................... 100 % | **67** | 29 | 4 |
| Feu rouge brûlé.. 100 % | **75** | 22 | 3 |

**7** Voici maintenant un certain nombre de mesures actuellement en discussion. Pour chacune de ces mesures, pouvez-vous me dire si vous y seriez plutôt favorable ou plutôt opposé ?

| | Plutôt favorable | Plutôt opposé | Sans opinion |
|---|---|---|---|
| – Créer un permis de conduire à points, qui serait retiré aux conducteurs ayant accumulé un certain nombre de fautes (infractions, accrochages) à charge pour eux de le repasser.............100 % | **71** | 21 | 8 |
| – Soumettre tous les deux ans les véhicules à une visite de contrôle avec obligation de faire effectuer les réparations nécessaires ...........................100 % | **79** | 19 | 2 |
| – Limiter à la fabrication la capacité de vitesse des voitures, par exemple à 160 km/h ...........................100 % | **73** | 24 | 3 |

Sondage tiré du *Figaro-Magazine*, 3 septembre 1988

---

**REPONDONS!**

1. Que pense la majorité des Français de la conduite automobile en France?
2. Qu'est-ce qui cause la plupart des accidents routiers?
3. Quelle différence voyez-vous entre la limitation de vitesse en France et aux Etats-Unis?
4. Qu'y a-t-il de paradoxal dans les résultats des quatre premiers tableaux?
5. Qui les Français rendent-ils responsable du nombre élevé d'accidents de la route?
6. Quelles sont les trois infractions que les Français condamnent le plus?
7. Quelle est celle pour laquelle ils se montrent le plus tolérants?
8. D'après le tableau 7, quelle mesure semble la plus populaire auprès des Français? Que peut-on en déduire?
9. Si un tel sondage était effectué auprès d'Américains, quels seraient les résultats des tableaux 1 et 2?
10. Quelle est la limitation de vitesse dans votre état? Pensez-vous qu'elle devrait être abaissée, augmentée ou maintenue? Expliquez.

# Sondage sur le sida

Avez-vous peur du sida? Pour quelles raisons?

1. Avant de lire le sondage qui suit, familiarisez-vous avec quelques mots inconnus en lisant les explications suivantes:

   **le dépistage:** action de découvrir quelque chose au terme d'une recherche, détecter
   **être à l'abri de:** ne pas être concerné par
   **le (la) conjoint(e):** l'homme (la femme) marié(e), l'époux(-se)
   **être partisan de:** être en faveur de
   **en raison de:** à cause de

2. Lisez le texte une fois, puis répondez aux questions.

# Sondage : oui au dépistage pour tous

Spontanément, la majorité des Français désignent le sida comme le problème de santé le plus urgent à résoudre. Mais, dans leur esprit, le fléau menace surtout les autres. Plus de la moitié — 51 % — des personnes interrogées s'estiment à l'abri. Toutefois, pour 54 %, les transfusions sanguines constituent un risque probable. Même si la menace pèse plus directement sur les conjoints aventureux (67 %) et les partenaires sexuels multiples (74 %) que sur les couples fidèles (7 %). La quasi-totalité (91 %) ne voit donc pas la nécessité de changer ses habitudes. Mais, cependant, un certain doute semble subsister, puisque près des trois quarts (74 %) se déclarent partisans de soumettre tout le monde à un dépistage du sida.

**1 — Quel est, à votre avis, le problème de santé le plus urgent auquel [la France] doit faire face à l'heure actuelle ? (Réponses non suggérées.)**

| | | | |
|---|---|---|---|
| Le sida ................... | 39 % | La toxicomanie ............. | 2 % |
| Le cancer ............... | 38 | Le tabagisme .............. | 2 |
| L'alcoolisme .............. | 5 | Autres ................... | 6 |
| Les maladies cardiaques ..... | 4 | Ne se prononcent pas ....... | 4 |

**2 — Dans quelle mesure craignez-vous, personnellement, dans l'avenir, de contracter le sida ?**

| | | | |
|---|---|---|---|
| Beaucoup ............... | 5 % | Pas du tout ................ | 51 % |
| Assez ................... | 11 | Ne se prononcent pas ....... | 2 |
| Peu ..................... | 31 | | |

**3 — Pensez-vous qu'il est probable ou improbable que le sida se transforme en épidémie dans les populations suivantes :**

*a)* L'ensemble de la population :

| | |
|---|---|
| *Probable* ................. | 23 % |
| *Improbable* .............. | 66 |
| *Ne se prononcent pas* ..... | 11 |

*b)* Les personnes mariées à qui il arrive d'avoir des aventures extraconjugales :

| | |
|---|---|
| *Probable* ................. | 67 |
| *Improbable* .............. | 23 |
| *Ne se prononcent pas* ..... | 10 |

*c)* Les autres personnes qui subissent des transfusions sanguines :

| | |
|---|---|
| *Probable* ................. | 54 |
| *Improbable* .............. | 36 |
| *Ne se prononcent pas* ..... | 10 |

*d)* Les couples qui sont fidèles :

| | |
|---|---|
| *Probable* ................. | 7 % |
| *Improbable* .............. | 82 |
| *Ne se prononcent pas* ..... | 11 |

*e)* Les personnes qui ont plusieurs partenaires sexuels :

| | |
|---|---|
| *Probable* ................. | 74 |
| *Improbable* .............. | 16 |
| *Ne se prononcent pas* ..... | 10 |

*f)* Les infirmières, les médecins, le personnel hospitalier :

| | |
|---|---|
| *Probable* ................. | 33 |
| *Improbable* .............. | 54 |
| *Ne se prononcent pas* ..... | 13 |

**4 — Laquelle des attitudes suivantes correspond le mieux à la vôtre ?**

a) En raison de la menace du sida j'ai changé mes habitudes ............. 4 %

b) En raison de la menace du sida, j'envisage sérieusement de changer mes habitudes ... 4

c) Malgré la menace du sida, je n'ai pas envisagé de changer mes habitudes ... 13 %

d) Je n'ai pas de raison de changer mes habitudes ...... 78

Ne se prononcent pas ........ 1

**5 — Voici un certain nombre d'opinions à propos du sida. Pour chacune d'entre elles, dites si vous êtes d'accord ou pas d'accord.**

Je refuserais de travailler au contact de quelqu'un qui est atteint du sida :

| | |
|---|---|
| *D'accord* ................. | 16 % |
| *Pas d'accord* ............ | 73 |
| *Ne se prononcent pas* ..... | 11 |

Tout le monde devrait passer un test sanguin de dépistage du sida :

| | |
|---|---|
| *D'accord* ................. | 74 % |
| *Pas d'accord* ............ | 19 |
| *Ne se prononcent pas* ..... | 7 |

Extrait d'une enquête réalisée par Gallup-Faits et opinions du 14 au 18 septembre 1987 auprès d'un échantillon de 1 001 personnes âgées de 18 ans et plus représentatif de la population française. Méthode des quotas.

**REPONDONS!**

1. Quel problème de santé fait le plus peur aux Français actuellement?
2. A votre avis, pourquoi cette maladie fait-elle si peur?
3. Quelles catégories de personnes sont les plus touchées par le sida?
4. Lesquelles risquent le moins de contracter cette maladie?
5. Sur 100 personnes, combien vont changer leurs habitudes ou les ont déjà changées? Combien ne vont rien changer du tout? Que pensez-vous de ces résultats?
6. Refuseriez-vous de travailler au contact de quelqu'un qui a le sida? Pourquoi ou pourquoi pas?
7. Pensez-vous que tout le monde devrait passer un test sanguin de dépistage du sida? Expliquez.
8. Relisez l'article une dernière fois et dites ce qui paraît contradictoire dans ce sondage.

LECTURE « accro » à 12 ans

**QUESTIONS AVANT LA LECTURE**

1. Pourquoi le problème de la drogue est-il particulièrement inquiétant?
2. A votre avis, quelles sont les principales victimes de ce fléau? Pour quelles raisons?

**STRATEGIE DE LECTURE**

1. Lisez le texte qui suit une fois en vous aidant des mots dans la marge.
2. Cherchez dans le texte des expressions synonymes des expressions en italique suivantes.
   a. Le Sajed est une association qui s'occupe de *drogués* mineurs.
   b. Il avait 11 ans quand il est entré dans le monde des *camés*.
   c. Très vite il *est devenu dépendant de la drogue*.
   d. Sa mère *n'a rien réalisé*.
   e. Au bout de quelque temps, il a commencé aussi à prendre des *pilules pour dormir*.
   f. On l'*a emmené à l'hôpital*.
   g. Sa mère a depuis longtemps *abandonné l'idée de le sauver*.
   h. Il vivait dans les rues et se tatouait pour montrer *qu'il était en marge de la société*.
   i. Lorsque *les policiers le trouvaient* dans la rue, il était content.
   j. Patrick s'en est finalement sorti et n'a pas l'intention de *rechuter*.

---

**INTRODUCTION**

---

Après six ans de vie marginale, Patrick, jeune adolescent français, nous raconte comment il a réussi à se sortir de ce piège infernal qu'est la drogue. Ecoutons-le nous raconter son histoire.

# « accro » à 12 ans

---

A Vienne, lors de la conférence internationale sur le thème de la drogue, le Sajed, Service d'aide aux jeunes en difficulté, seule association en France s'occupant de toxicomanes mineurs, était représenté, **notamment,** par une vingtaine de jeunes drogués en phase terminale de désintoxication. L'un d'entre eux raconte son . . . trip.

*spécialement*

    Patrick a 18 ans, l'air d'en avoir 25. Une bonne tête, des yeux rieurs, le sourire franc. Entré dans le monde des junkies à l'âge de 11 ans, il devient « accro » à 12. Malheureux à l'époque? Oui, non, il ne sait pas vraiment. Ses parents sont divorcés, il vit avec sa mère, remariée à un industriel. Un jour, chez des copains à peine plus vieux que lui, il rencontre la drogue sous la forme de trichloréthylène. Premier trip, deuxième, troisième, Patrick vient de signer, sans le savoir, pour un très long voyage, qui ne se terminera, hélas!, que dans plusieurs années. Trichlo, perchlo, éther, tout ce qui peut embrumer les « voies respiratoires supérieures » est bon pour son moral. Au début, la fête n'a lieu que le mercredi, puis se répète le samedi, enfin le dimanche. Mais, rapidement, il « s'accroche ». Sa mère ne se

*gets hooked*

rend compte de rien. Seul indice: des résultats scolaires catastrophiques, qui font de lui un cancre et le conduisent à **redoubler**, puis à tripler sa **cinquième**.   Au fil des mois, son état empire. Lorsque enfin on le considère comme toxico, il est trop tard. En plus des solvants organiques, Patrick fume du hasch et absorbe régulièrement des **barbituriques.** Il est alors âgé de 13 ans. Un jour, sa défonce est telle qu'il se retrouve embarqué par le **Samu**[1] psychiatrique. La prescription tombe, incontournable: **internement.** Pendant deux ans, il est hospitalisé, et découvre cette fois, à l'occasion de ses sorties, les joies de l'héroïne. **De Charybde en Scylla**[2] . . . A sa sortie, il vire au punk junky, et vit **la zone**[3], la vraie. **Squatt**[4], **défonce**[5], **manche**[6], **shoot**[7] . . . Sa vie n'est plus rythmée que par l'infernal besoin de trouver de la drogue. Sa mère a depuis longtemps **baissé les bras.** Le ramener de force, le faire réinterner, le faire incarcérer . . . Il a alors 16 ans, vit dans les rues, sale, **pouilleux,** tatoué sur une bonne partie du corps pour marquer son appartenance au monde punk et sa marginalité. Mais les crises de manque sont de plus en plus effroyables. Chaque fois, il se dit qu'il faudrait en finir avec cette **saloperie de** poudre. Alors, lorsque les **flics** le ramassent, ivre de fatigue, complètement défoncé, il est presque heureux. Le magistrat lui propose, en vertu de la loi de 1970, les **soins** ou la prison. Il choisit les soins, et **débarque** au Sajed.

Deux ans plus tard, après quelques rechutes, c'est apparemment le succès. Il est de nouveau « clean », a subi des greffes de peau à l'endroit de ses tatouages, apprend un métier—il veut être coiffeur—et parle des drogués avec **mépris.** « Quand on est drogué, on n'aime personne, on ne pense qu'à une chose, **la came;** en trouver toutes les deux heures, se faire un shoot parce qu'on a de plus en plus peur du manque. Je m'en suis sorti, et je n'ai pas l'intention d'y retomber. »

Tiré d'un article de L'Express

---

**REPONDONS!**

1. Où et pourquoi Patrick a-t-il raconté son histoire?
2. Que savez-vous de sa famille?
3. Comment rencontre-t-il la drogue pour la première fois?
4. Pour quelle raison a-t-il commencé à se droguer, d'après lui?
5. Comment voit-on que, très vite, la drogue prend le contrôle de sa vie?
6. Quelles conséquences sa toxicomanie a-t-elle sur sa vie familiale et scolaire?
7. Comment les choses empirent-elles?
8. De quelle manière découvre-t-il le Sajed?
9. Combien de temps a-t-il fallu à Patrick pour se désintoxiquer?
10. Comment juge-t-il les drogués maintenant? Pourquoi?
11. Que pensez-vous de son histoire?
12. Pensez-vous que le fait de raconter une telle expérience puisse aider d'autres jeunes à ne pas commettre la même erreur que Patrick? Expliquez.

---

[1] **Samu:** Service d'assistance médicale d'urgence (*mobile emergency medical service*).
[2] **De Charybde en Scylla:** Charybdis and Scylla were two monsters in classical mythology. Thus **tomber de Charybde en Scylla** means *to jump out of the frying pan into the fire*, to escape a bad situation only to get into a worse one.
[3] **La zone:** the *slums* or other poor district.
[4] **Le squatt:** in the world of drug addicts in France English words are frequently used. **Le squatt** refers to the settling of addicts in vacant buildings.
[5] **La défonce:** *high;* **se défoncer:** *to get high*
[6] **Faire la manche:** expression argotique qui signifie **mendier:** *to beg*
[7] **Le shoot:** *the fix;* **se shooter:** *to shoot up*

1. Quel est, selon vous, le pire fléau des temps modernes?
2. A votre avis, devrait-on légaliser la drogue? Pourquoi ou pourquoi pas?
3. Si vous étiez responsable de la lutte anti-drogue, quelles mesures prendriez-vous?
4. Pour quelles raisons devient-on délinquant, à votre avis?
5. Certains pensent que le gouvernement devrait dépenser plus d'argent pour la prévention que pour la répression. Qu'en pensez-vous?
6. Si vous aviez des enfants, comment les mettriez-vous en garde contre la drogue, l'alcoolisme, le sida?
7. Si un(e) de vos ami(e)s était alcoolique ou drogué(e), comment pourriez-vous l'aider?
8. Que pensez-vous des marginaux?
9. A votre avis, les problèmes que connaît aujourd'hui notre société auraient-ils pu exister au siècle dernier? Expliquez.
10. Etes-vous plutôt optimiste ou plutôt pessimiste en ce qui concerne l'avenir de notre société? Justifiez votre réponse.

## A. MISE EN SCENE

Les activités suivantes sont de petites scènes à jouer oralement en classe pendant cinq à dix minutes.

1. Vous apprenez un jour qu'un(e) de vos ami(e)s se drogue. Bien qu'il (elle) refuse d'abord de l'admettre, votre ami(e) finit par vous avouer son problème et accepte votre aide.
2. Pendant une petite soirée entre étudiants où tout le monde boit beaucoup, arrivent deux jeunes membres d'une association contre l'alcoolisme qui, grâce à de bons arguments, finissent par persuader les buveurs de limiter leur consommation d'alcool. Jouez cette scène avec plusieurs camarades.
3. Un conseiller reçoit dans son bureau un couple de parents et leur fils (fille). Les parents expliquent qu'ils ne comprennent pas ce qui arrive à leur enfant. Il (elle) a des problèmes à l'école, a de mauvaises notes, parle peu et se dispute souvent avec sa famille. Imaginez la conversation, les questions du conseiller et les réponses de l'enfant et de ses parents.

## B. TABLES RONDES

Tous les étudiants de la classe commentent tour à tour les sujets suivants.

### Expressions utiles à la discussion

- **tu ne sais pas ce que tu dis**   *You don't know what you are talking about*
- **c'est révoltant!**  *that's revolting!*
- **c'est hors de question!**  *that's out of the question!*

1. Boire ou conduire: faut-il choisir?
2. Les moyens de lutte contre la drogue
3. Problèmes de société dans 50 ans

## C. PRESENTATION ORALE

Avec deux camarades, rendez-vous dans un centre d'aide aux toxicomanes ou aux alcooliques et préparez une présentation orale sur les différentes activités de ce centre et le type d'aide qu'il apporte à ces personnes.

## D. SONDAGE

En vous aidant du sondage ci-dessous, réalisez un sondage auprès de dix personnes sur le sujet suivant:

**Quand vous pensez à la société de l'an 2000, quels sont vos espoirs? Et quelles sont vos craintes?**

Organisez les réponses des personnes interviewées et présentez-les à la classe qui commentera et comparera vos résultats avec ceux du sondage modèle.

---

**Lorsque vous pensez à la façon dont vous vivrez en l'an 2000, quels sont vos espoirs ? (1).
Et quelles sont vos craintes ? (2). (Questions ouvertes, réponses non suggérées.)***

| (1) | | (2) | |
|---|---|---|---|
| Avoir un travail (intéressant) | 44 % | La guerre | 44 % |
| La diminution du chômage | 26 | Le chômage | 43 |
| Qu'il n'y ait plus de guerre | 21 | Une modernisation trop rapide, l'informatisation à outrance, l'uniformisation | 22 |
| Avoir une famille | 17 | | |
| Avoir de l'argent | 15 | | |
| La simplification de la vie grâce à la technologie | 15 | Le sida et de nouvelles maladies | 12 |
| Une plus grande solidarité nationale et internationale | 14 | Une crise économique | 8 |
| | | La violence, la délinquance | 7 |
| Voir évoluer la médecine pour les maladies comme le sida et le cancer | 12 | La pollution | 6 |
| Avoir plus de loisirs | 12 | Le nucléaire | 5 |
| Etre heureux | 9 | Le terrorisme | 4 |
| Etre plus libre | 5 | Le racisme, les injustices | 4 |
| Qu'il y ait moins de racisme | 5 | La surpopulation | 4 |
| Etre établi à mon compte | 3 | La famine | 4 |
| Posséder une maison | 2 | La solitude | 2 |
| Autres | 10 | Le manque de qualification | 1 |
| Ne se prononcent pas | 4 | Autres | 6 |
| | | Ne se prononcent pas | 8 |

L'Express, *19 octobre 1987*

## E. ENQUETE

Avec deux camarades, rendez-vous au palais de justice de votre ville et faites une enquête sur la délinquance juvénile dans votre ville ou votre région. Organisez vos recherches et présentez les résultats de votre enquête oralement au reste de la classe qui vous posera des questions.

## F.  INTERVIEWS

**1.** Avec deux camarades, interviewez un ou deux policiers sur ce qu'ils pensent de la criminalité dans votre ville. Demandez-leur de vous faire part de leurs expériences et de leurs inquiétudes et de vous raconter certaines anecdotes. Organisez vos notes, puis présentez-les au reste de la classe qui vous posera des questions.

**2.** Avec deux camarades, rendez-vous dans un centre d'aide aux toxicomanes ou aux alcooliques et interviewez une personne qui a déjà subi une cure de désintoxication. Demandez-lui de vous raconter son histoire, son combat contre la drogue ou l'alcool et la leçon qu'elle a tirée de son expérience personnelle. Organisez vos notes et racontez l'histoire de cette personne au reste de la classe qui posera des questions.

---

## SOYONS CREATIFS!

### *Writing Tips* : REVISING YOUR PAPER

**Spelling Mistakes**

Instructors usually don't take off as many points for spelling mistakes as for grammatical ones. Nevertheless, you should try to avoid careless mistakes by checking the spelling of the words you are not sure of in a dictionary. This applies especially to cognates. So don't write **la** *carrot,* *le check,* or *la guitar.* Check even "easy" words in a dictionary.

---

*A.* En 50 mots, décrivez le problème de société qui vous inquiète le plus et dites pourquoi.

*B.* En 70 mots, terminez le dialogue suivant.

MICHELLE:   Je me demande si on va pouvoir résoudre totalement le problème de la drogue chez les jeunes. Qu'est-ce que tu en penses?
FLORENT:   Je pense qu'on y arrivera. Mais ça prendra du temps parce qu'il faut changer les mentalités et éduquer les gens.
MICHELLE:   Qu'est-ce que tu veux dire par là?
FLORENT:   Je pense que le problème commence à la maison. Les parents ont la responsabilité d'apprendre à leurs enfants ce qui est mauvais pour eux. Mais il leur arrive de ne pas avoir le temps de s'occuper d'eux. Pour moi, c'est ça le gros problème. Tu n'es pas d'accord?
MICHELLE:   . . .

*C.* En 100 mots, écrivez ce que vous pensez du problème de l'alcoolisme chez les jeunes.

*D.* En 150 mots, rédigez une conversation entre un(e) jeune qui est tenté(e) par la drogue et un(e) désintoxiqué(e).

*E.* En 200 mots, imaginez une lettre écrite par un(e) extra-terrestre à ses parents dans laquelle il (elle) décrit les problèmes de la société américaine dans les années 2040.

# La question
# écologique

CHAPITRE

## 12

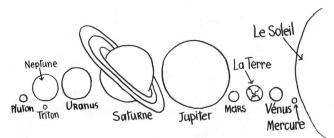

## L'UNIVERS

le globe = le monde
le climat
l'équilibre (*m.*)
le siècle   *century*
le gaz carbonique
le pétrole
la planète
la terre
l'atmosphère (*f.*)
l'humanité (*f.*)
la faune
la flore
la couche d'ozone

## L'ECOLOGIE

l'environnement (*m.*)
l'écologiste (*m., f.*)
le (la) pollueur(-euse)
le polluant
le péril = le danger
le produit chimique
le déchet = le résidu
le pesticide
l'engrais (*m.*)   *fertilizer*
la nature
la déforestation
le patrimoine   *heritage*
le réchauffement = l'effet (*m.*) de serre   *global
warming = the greenhouse effect*

le colloque = le symposium
la pollution
la menace
la catastrophe = le désastre (*m.*)
la centrale nucléaire
la marée noire   *oil spill*
la nappe de pétrole
l'exploitation (*f.*)
les pluies (*f.*) acides
l'usine (*f.*)   *factory*
la grande puissance   *superpower*

---

| | | |
|---|---|---|
| planétaire | écologique | universel(le) |
| mondial ≠ local | toxique ≠ non-toxique | climatique |
| polluant ≠ non-polluant | radioactif(-ive) | nucléaire |
| fragile ≠ solide | pollué | biodégradable |
| catastrophique | intact | chimique ≠ naturel(le) |
| | | |
| sauvegarder ≠ détruire | conserver | protéger |
| mettre en danger = | polluer | informer |
|   menacer | exploiter | manifester (contre) |
| provoquer = causer | protester (contre) | éviter |
| lutter (contre) | | |

---

# PRATIQUONS!

**A.**   Donnez un synonyme pour chacun des mots suivants. Construisez une phrase avec chacun
d'eux.

**1.** la catastrophe          **3.** le résidu          **5.** le symposium
**2.** causer          **4.** menacer          **6.** le monde

**B.** Quel est le contraire des mots suivants? Construisez une phrase avec chacun d'eux.

1. local
2. détruire
3. solide
4. toxique
5. polluant
6. naturel

**C.** A quoi vous font penser les mots et expressions qui suivent?

1. la pollution
2. le patrimoine
3. la centrale nucléaire
4. le symposium
5. la planète
6. l'écologie

**D.** Quelle est la différence entre:

1. l'humanité et l'univers?
2. la faune et la flore?
3. un produit toxique et un produit polluant?

**E.** Quel lien voyez-vous entre:

1. la pollution et le climat?
2. l'environnement et la planète?
3. le pesticide et l'engrais?

**F.** Définissez les termes suivants.

1. la déforestation
2. l'humanité
3. le colloque

**G.** Quels sont les adjectifs dérivés des noms suivants?

1. la planète
2. le monde
3. l'écologie
4. la pollution
5. l'univers
6. la catastrophe

**H.** Devinez les mots qui se définissent ainsi.

1. C'est la science qui étudie les relations des êtres vivants entre eux et avec leur environnement.
2. C'est la terre, le monde.
3. C'est l'héritage commun d'un groupe humain.
4. C'est une période de 100 ans.
5. C'est l'arrivée sur la plage de nappes de pétrole provenant d'un bateau accidenté.

**I.** Complétez le texte ci-dessous en utilisant les mots suivants.

| | | | |
|---|---|---|---|
| globe | sauvegarder | écologistes | climat |
| colloques | déforestation | pollution | polluées |
| dangers | environnement | Terre | centrale nucléaire |
| pluies acides | planète | catastrophiques | fragile |

Depuis quelques années, les _____ essayent d'attirer l'attention de l'opinion publique sur les _____ que court la _____ . En Europe, et plus spécialement en Allemagne, les forêts meurent à cause des _____ _____ ; en Méditerranée, certaines plages sont si _____ qu'elles sont interdites au public. Lorsque la _____ _____ de Tchernobyl a explosé, les conséquences sur l' _____ en Europe ont été _____ . Au Brésil, la _____ massive représente une réelle menace pour le _____ et l'ensemble du _____ . De plus en plus, les scientifiques de tous les gouvernements concernés directement ou indirectement par le problème de la _____ organisent des _____ sur ce sujet et recherchent des solutions pour _____ l'équilibre _____ de notre _____ .

**J.** Donnez des exemples de:

1. produits toxiques.
2. produits biodégradables.
3. accidents nucléaires.
4. marées noires.
5. pays menacés par les pluies acides.
6. dangers que court la planète.

**K.** *Devinettes.* Devinez les mots évoqués par les phrases suivantes.

1. C'est l'action de faire une démonstration collective publique pour ou contre quelque chose.
2. Sa formule chimique est $CO_2$.
3. C'est le nom que l'on donne au réchauffement anormal de la terre.
4. C'est une personne qui pollue.
5. Ce produit chimique est destiné à lutter contre les parasites animaux et végétaux.
6. C'est une usine qui produit de l'énergie nucléaire.
7. C'est l'action de détruire la forêt.
8. C'est la planète sur laquelle nous vivons.

# ACTIVITE 1

## Les pollueurs

### QUESTIONS AVANT LA LECTURE

1. Quels types de pollution connaissez-vous?
2. Lequel vous semble pire que tous les autres?

### STRATEGIE DE LECTURE

1. Lisez une fois la bande dessinée qui suit.
2. Aidez-vous des définitions ci-dessous pour comprendre certains mots qui vous sont inconnus.

   **l'haleine:**   air qui sort de la bouche
   **la laque:**   produit que l'on vaporise sur les cheveux pour les maintenir en place
   **l'accoutrement:**   l'habillement

3. Utilisez les mots suivants pour répondre aux questions.

   **reprocher**   (à quelqu'un de faire quelque chose)
   **jeter**   (une cigarette)
   **éteindre**   (une cigarette)
   **déranger = importuner, exagérer**

## LA SEMAINE
### par Jacques Faizant

## REPONDONS!

1. Que fait le couple dans l'image 1?
2. Qui apparaît brusquement?
3. Comment est cette personne? Décrivez-la.
4. Que reproche l'écologiste au couple?
5. Comment réagissent l'homme et sa femme dans les images 3 et 4?
6. Les reproches qui leur sont faits sont-ils tous justifiés? Lesquels le sont plus que d'autres? Expliquez.
7. Quelles sont les deux significations du mot «polluer»?
8. A votre avis, que pense l'auteur de cette bande dessinée des écologistes? Partagez-vous son opinion? Expliquez.

# ACTIVITE 2
# Les risques majeurs

## QUESTION AVANT LA LECTURE

A votre avis, quels risques écologiques majeurs notre planète court-elle actuellement?

## STRATEGIE DE LECTURE

1. L'article qui suit contient cinq petits textes numérotés de 1 à 5.
2. Avant de les lire, familiarisez-vous avec l'ensemble de la carte en lisant les différentes notes qui s'y trouvent.
3. Lisez chacun des cinq textes (de 1 à 5) plusieurs fois.
4. Utilisez les définitions et explications ci-dessous pour mieux comprendre l'article.

   Texte 1: **s'élever:** augmenter
   Texte 2: **l'âme:** ici, personne
   Texte 3: **entraîner:** causer
   Texte 4: **CFC:** hydrocarbures (composés d'hydrogène et de carbone)
   **l'amincissement** (*m.*): action de rendre plus mince, plus petit
   **néfaste:** mauvais
   Texte 5: **ordures ménagères, détritus:** déchets produits par chaque maison individuelle
   **faire défaut:** ne pas exister, manquer

5. Regardez encore une fois la carte du monde et recherchez-y:
   • le nom d'une ville où a eu lieu une catastrophe nucléaire.
   • le nom d'une ville où 3 000 personnes sont mortes à cause d'une fuite de gaz.
   • le nom d'une ville où une explosion catastrophique a eu lieu.
   • le nom d'un endroit où l'on ne peut plus habiter à cause des essais nucléaires.
   • le nom d'une ville où la pollution industrielle est très grave.
   • le nom d'une ville contaminée par la dioxine.

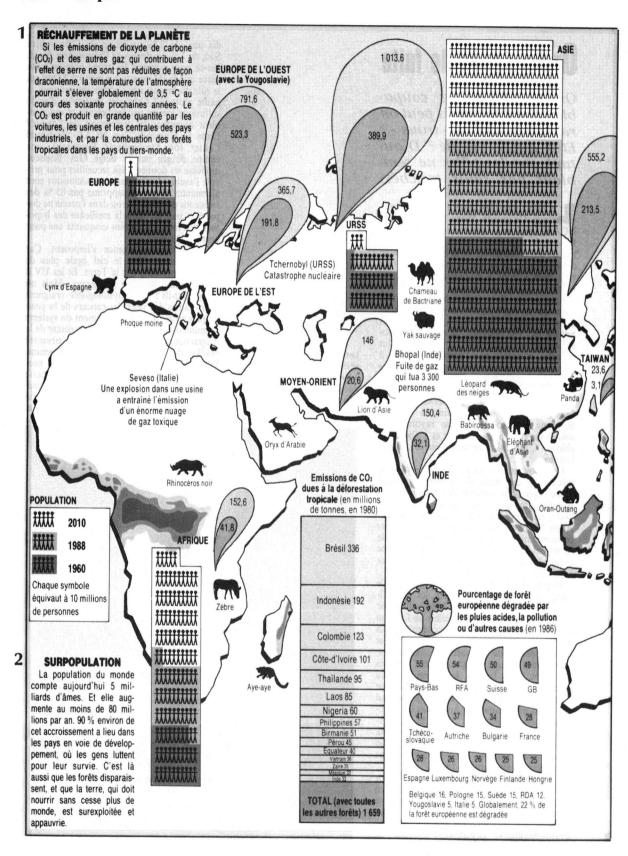

**1**

### RÉCHAUFFEMENT DE LA PLANÈTE

Si les émissions de dioxyde de carbone (CO₂) et des autres gaz qui contribuent à l'effet de serre ne sont pas réduites de façon draconienne, la température de l'atmosphère pourrait s'élever globalement de 3,5 °C au cours des soixante prochaines années. Le CO₂ est produit en grande quantité par les voitures, les usines et les centrales des pays industriels, et par la combustion des forêts tropicales dans les pays du tiers-monde.

**EUROPE**

**EUROPE DE L'OUEST (avec la Yougoslavie)**
791,6
523,3
365,7
191,8

1 013,6
389,9

**ASIE**
555,2
213,5

**URSS**
Tchernobyl (URSS) Catastrophe nucléaire

Chameau de Bactriane

Yak sauvage

**EUROPE DE L'EST**

Lynx d'Espagne

Phoque moine

Seveso (Italie)
Une explosion dans une usine a entraîné l'émission d'un énorme nuage de gaz toxique

**MOYEN-ORIENT**
146
20,6
Lion d'Asie

Bhopal (Inde) Fuite de gaz qui tua 3 300 personnes

Léopard des neiges

**TAIWAN**
23,6
3,1
Panda

Babiroussa

Éléphant d'Asie

150,4
32,1

**INDE**

Oryx d'Arabie

Rhinocéros noir

**POPULATION**

| | |
|---|---|
| | 2010 |
| | 1988 |
| | 1960 |

Chaque symbole équivaut à 10 millions de personnes

152,6
41,8

**AFRIQUE**

Zèbre

Aye-aye

Oran-Outang

**Emissions de CO₂ dues à la déforestation tropicale** (en millions de tonnes, en 1980)

| | |
|---|---|
| Brésil | 336 |
| Indonésie | 192 |
| Colombie | 123 |
| Côte-d'Ivoire | 101 |
| Thaïlande | 95 |
| Laos | 85 |
| Nigeria | 60 |
| Philippines | 57 |
| Birmanie | 51 |
| Pérou | 45 |
| Equateur | 40 |
| Vietnam | 36 |
| Zaïre | 35 |
| Mexique | 33 |
| Inde | 33 |

**TOTAL (avec toutes les autres forêts) 1 659**

**Pourcentage de forêt européenne dégradée par les pluies acides, la pollution ou d'autres causes** (en 1986)

| Pays-Bas | RFA | Suisse | GB |
|---|---|---|---|
| 55 | 54 | 50 | 49 |

| Tchéco-slovaquie | Autriche | Bulgarie | France |
|---|---|---|---|
| 41 | 37 | 34 | 28 |

| Espagne | Luxembourg | Norvège | Finlande | Hongrie |
|---|---|---|---|---|
| 28 | 26 | 26 | 25 | 25 |

Belgique 16, Pologne 15, Suède 15, RDA 12, Yougoslavie 5, Italie 5. Globalement, 22 % de la forêt européenne est dégradée

**2**

### SURPOPULATION

La population du monde compte aujourd'hui 5 milliards d'âmes. Et elle augmente au moins de 80 millions par an. 90 % environ de cet accroissement a lieu dans les pays en voie de développement, où les gens luttent pour leur survie. C'est là aussi que les forêts disparaissent, et que la terre, qui doit nourrir sans cesse plus de monde, est surexploitée et appauvrie.

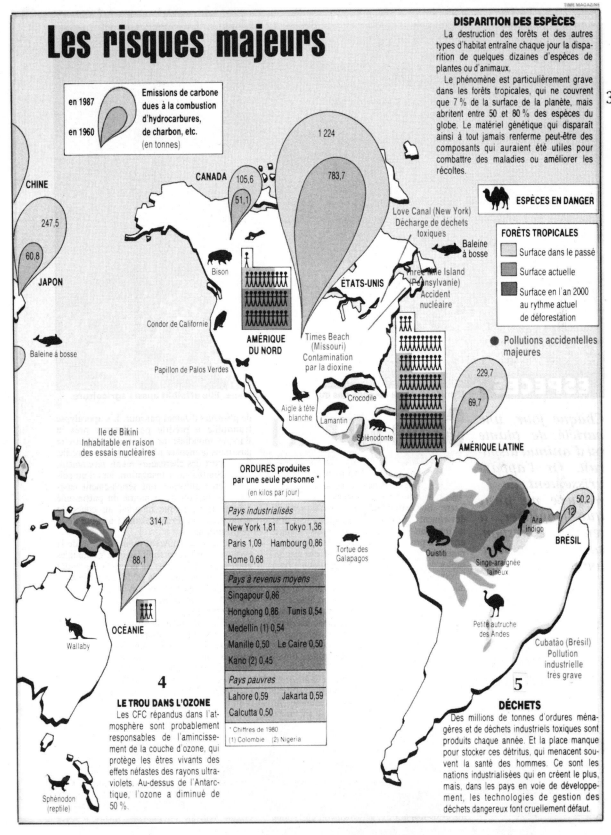

# Les risques majeurs

en 1987 / en 1960
Emissions de carbone dues à la combustion d'hydrocarbures, de charbon, etc. (en tonnes)

## DISPARITION DES ESPÈCES

La destruction des forêts et des autres types d'habitat entraîne chaque jour la disparition de quelques dizaines d'espèces de plantes ou d'animaux.

Le phénomène est particulièrement grave dans les forêts tropicales, qui ne couvrent que 7 % de la surface de la planète, mais abritent entre 50 et 80 % des espèces du globe. Le matériel génétique qui disparaît ainsi à tout jamais renferme peut-être des composants qui auraient été utiles pour combattre des maladies ou améliorer les récoltes.

3

CHINE
247,5
60,8

JAPON

Baleine à bosse

1 224

CANADA  105,6
51,1

783,7

Bison

Condor de Californie

AMÉRIQUE DU NORD

ÉTATS-UNIS

Love Canal (New York)
Décharge de déchets toxiques

Baleine à bosse

Three Mile Island (Pennsylvanie)
Accident nucléaire

Papillon de Palos Verdes

Times Beach (Missouri)
Contamination par la dioxine

Crocodile

Aigle à tête blanche
Lamantin

Sphénodonte

229,7
69,7

AMÉRIQUE LATINE

**ESPÈCES EN DANGER**

**FORÊTS TROPICALES**
- Surface dans le passé
- Surface actuelle
- Surface en l'an 2000 au rythme actuel de déforestation

● Pollutions accidentelles majeures

Ile de Bikini
Inhabitable en raison des essais nucléaires

314,7
88,1

OCÉANIE

Wallaby

Tortue des Galapagos

Ouistiti

Singe-araignée laineux

50,2
12

Ara indigo

BRÉSIL

Petite autruche des Andes

Cubatão (Brésil)
Pollution industrielle très grave

### ORDURES produites par une seule personne *
(en kilos par jour)

| Pays industrialisés | |
|---|---|
| New York 1,81 | Tokyo 1,36 |
| Paris 1,09 | Hambourg 0,86 |
| Rome 0,68 | |
| **Pays à revenus moyens** | |
| Singapour 0,86 | Hongkong 0,86 |
| Hongkong 0,86 | Tunis 0,54 |
| Medellin (1) 0,54 | |
| Manille 0,50 | Le Caire 0,50 |
| Kano (2) 0,45 | |
| **Pays pauvres** | |
| Lahore 0,59 | Jakarta 0,59 |
| Calcutta 0,50 | |

* Chiffres de 1980
(1) Colombie   (2) Nigeria

## 4

### LE TROU DANS L'OZONE

Les CFC répandus dans l'atmosphère sont probablement responsables de l'amincissement de la couche d'ozone, qui protège les êtres vivants des effets néfastes des rayons ultraviolets. Au-dessus de l'Antarctique, l'ozone a diminué de 50 %.

Sphénodon (reptile)

## 5

### DÉCHETS

Des millions de tonnes d'ordures ménagères et de déchets industriels toxiques sont produits chaque année. Et la place manque pour stocker ces détritus, qui menacent souvent la santé des hommes. Ce sont les nations industrialisées qui en créent le plus, mais, dans les pays en voie de développement, les technologies de gestion des déchets dangereux font cruellement défaut.

REPONDONS!

### Texte 1

1. Qu'est-ce qui cause le réchauffement de la planète?
2. D'où viennent ces gaz?

### Texte 2

1. Dans quel type de pays la population augmente-t-elle plus rapidement?
2. Comment est l'état de la terre dans ces pays? Pourquoi?

### Texte 3

1. Dans quels types de pays le problème de la déforestation est-il le plus grave?
2. Pourquoi est-il si dangereux pour l'humanité de détruire les forêts?

### Texte 4

1. Quel est le rôle de la couche d'ozone?
2. Que se passerait-il si cette couche diminuait davantage?

### Texte 5

1. D'où viennent les déchets de notre monde moderne?
2. Quels problèmes majeurs ces déchets posent-ils?
3. Quelles sont vos réactions face à cet article? Ces problèmes vous concernent-ils? Qu'en pensez-vous?

# Comment sauver la planète

## QUESTIONS AVANT LA LECTURE

1. Quand vous pensez à l'environnement, qu'est-ce qui vous vient à l'esprit?
2. Quels sont pour vous les plus grands dangers qui menacent notre planète?

## STRATEGIE DE LECTURE

1. Lisez le texte qui suit une fois en essayant de deviner les mots que vous ne comprenez pas.
2. Cherchez dans le texte un synonyme pour chacune des expressions en italique ci-dessous.
   a. On assiste aujourd'hui à une sorte de fièvre *écologique*.
   b. L'environnement de la planète est *en danger*.
   c. Le problème de l'environnement *existe depuis toujours*.
   d. Quand *les désastres* écologiques étaient encore régionaux, cela n'inquiétait qu'une région.
   e. Toutes les nations sont touchées par *l'effet de serre*.
   f. Les *colloques* se multiplient.
   g. *Il faut que* l'humanité transforme l'Antarctique en réserve naturelle internationale.
   h. Cette réserve devra exister pendant au moins *100 ans*.

## INTRODUCTION

Dans l'interview qui suit, un journaliste du magazine l'*Express* interroge Michel Rocard, l'ancien Premier Ministre français, et le commandant Jacques-Yves Cousteau, écologiste mondialement connu, sur ce qu'ils pensent des dangers que court notre planète.

# Comment sauver la planète

L'EXPRESS: L'environnement a été pendant longtemps une affaire de militants. On **assiste** aujourd'hui à une sorte de fièvre verte, le résultat des élections européennes le prouve, aussi bien parmi les habitants de la planète que parmi leurs gouvernants. Pourquoi?

*are witnessing*

MICHEL ROCARD: Le message de la communauté scientifique est devenu plus précis, plus informé. L'environnement de la planète est menacé. Un gouvernement lucide doit prendre ce fait en charge. C'est la position du gouvernement français.

JACQUES-YVES COUSTEAU: Le problème de l'environnement s'est posé de tout temps. Simplement on a mis longtemps à le comprendre. **Tant que** les catastrophes écologiques étaient régionales ou nationales, cela n'inquiétait qu'une région ou une nation. On a l'assurance maintenant que les problèmes d'environnement sont globaux, que toutes les nations sont touchées par le réchauffement de la planète.

*As long as*

L'EXPRESS: Quelle est la plus grave menace qui pèse sur notre planète? Etes-vous prêts à proposer un plan d'urgence et comment le faire accepter par l'ensemble des nations?

COUSTEAU:   Toutes les menaces qui pèsent actuellement sur l'environnement sont liées. Le péril le plus grave est quand même l'effet de serre, le réchauffement du climat.

ROCARD:   Jamais la communauté internationale n'a tant travaillé sur ces sujets. Les réunions se multiplient. C'est la grande affaire des temps modernes.

L'EXPRESS:   Et l'Antarctique, quel avenir lui réserve-t-on?

COUSTEAU:   Il ne faut plus préserver l'Antarctique uniquement **par souci** d'élégance. On doit garder un bout de la planète intact. La planète est une machine thermique qui a des sources chaudes et des sources froides. Les sources froides: les deux pôles. Au pôle Nord, il y a très peu de glace, donc un petit stock de froid. Le Sud constitue une énorme source de froid: on trouve dans l'Antarctique 90% de l'**eau douce** de la planète, gelée sous forme de glace sur 3 kilomètres d'épaisseur en moyenne. Non seulement une réserve d'eau douce, mais aussi une réserve de froid. Toutefois cette source froide est énorme et fragile. Si on y touche, on ignore quelles en seront les conséquences. De plus, elle est menacée par le réchauffement global de la planète. Voilà pourquoi il faut la protéger. Je ne dis pas pour toujours, mais pour le moment. Peut-être que dans un ou deux siècles notre technologie aura tellement avancé qu'on pourra exploiter les richesses de l'Antarctique, s'il y en a. Aujourd'hui, notre devoir est de ne pas y toucher.

ROCARD:   La communauté scientifique compétente est d'accord: très peu de chaleur ferait fondre énormément d'eau. Le niveau des océans risque de s'élever. S'il monte de 1,50 mètre, le Bangladesh n'existe plus, les Maldives sont **englouties,** les Pays-Bas, à moitié **envahis,** et même une partie de la surface de la France, sous les eaux. Il est du devoir de l'humanité de transformer l'Antarctique en réserve naturelle internationale.

COUSTEAU:   Au moins pour un siècle. La seule façon d'éviter le désastre, c'est d'être prudent.

L'EXPRESS:   Est-ce que vous êtes pessimistes ou optimistes sur l'avenir de la planète?

ROCARD:   Je m'en tiens à Romain Rolland, qui parle du pessimisme de l'intelligence, mais aussi de l'optimisme de la **volonté.**

COUSTEAU:   Je ne suis pas sûr que les hommes fassent ce qu'il faut, mais je sais qu'on pourrait le faire.

*Extrait et adapté d'un article de l'*Express.

*out of concern for*

*fresh water*

*swallowed up*
*submerged*

*will*

---

| **REPONDONS!** |
| --- |

1. Quelle est cette « fièvre verte » dont parle le journaliste?
2. Pour quelle raison les désastres écologiques sont-ils pris de plus en plus au sérieux?
3. Quel est, d'après Cousteau, le danger le plus grave qui menace notre planète?
4. Comment réagit la communauté internationale face à ces périls croissants?
5. Où se trouve l'Antarctique?
6. Qu'est-ce qui caractérise cette région du globe?
7. Pourquoi l'Antarctique est-il menacé?
8. Que se passerait-il si la Terre se réchauffait de quelques degrés?
9. En quoi devrait-on transformer l'Antarctique?
10. Michel Rocard et Jacques-Yves Cousteau sont-ils plutôt pessimistes ou plutôt optimistes en ce qui concerne l'avenir de notre planète? Partagez-vous leur point de vue?

1.  Quelle importance accordez-vous à l'écologie?
2.  Selon vous, quelles sont les pires menaces auxquelles l'humanité doit faire face?
3.  Etes-vous écologiste? Expliquez.
4.  Pensez-vous que les écologistes aient tendance à exagérer les problèmes? Expliquez.
5.  Comment peut on protester contre les polleurs?
6.  Pourquoi est-il si difficile de lutter contre la pollution?
7.  Selon vous, où devrait-on apprendre à respecter l'environnement? A la maison, à l'école? Pourquoi?
8.  Quelles mesures simples peut-on prendre quotidiennement pour éviter de polluer l'environnement?
9.  Devrait-on punir les pollueurs comme des criminels? Qu'en pensez-vous?
10. Etes-vous plutôt pessimiste ou plutôt optimiste en ce qui concerne l'avenir de notre planète? Expliquez.

## METTONS-NOUS EN SITUATION!

### A.  MISE EN SCENE

1.  Un groupe d'amis discutent. Quelques-uns sont des écologistes convaincus, alors que les autres ont tendance à penser que les dangers ne sont pas aussi graves que ça. Imaginez leur conversation et jouez la scène avec plusieurs camarades.
2.  Votre camarade de chambre et vous êtes très différent(e)s. Alors que vous êtes très respectueux(-euse) de l'environnement et que vous aimez la nature et les produits naturels, votre ami(e) ne s'en préoccupe pas du tout et, bien sûr, cela vous irrite. Imaginez une conversation entre votre ami(e) et vous.
3.  Nous sommes en l'an 2050. Un groupe d'amis se souvient des dernières années du XX^e siècle et discute des progrès qui ont été accomplis dans le domaine de l'écologie en 60 ans. Imaginez leur conversation.

## B. TABLES RONDES

Tous les étudiants de la classe commentent tour à tour les sujets suivants.

### Expressions utiles à la discussion

- **en tout cas**  *in any case*
- **de toute façon**  *anyway*
- **ce que je voudrais dire, c'est que**
  *what I'd like to say is*

1. Le progrès: à quel prix?
2. Types de pollution
3. Crime et châtiment: comment punir les pollueurs?

## C. SONDAGE

Avec un(e) camarade de classe, faites un sondage sur le sujet suivant:

**Etes-vous plutôt pessimiste ou plutôt optimiste en ce qui concerne l'avenir de notre planète? Pourquoi?**

Notez les différentes réponses des personnes interrogées et présentez vos résultats à la classe qui les commentera.

## D. PRESENTATIONS ORALES

1. Avec deux camarades de classe, consultez à la bibliothèque des magazines français comme *Le Point* et le *Nouvel Observateur* et préparez une présentation orale sur les différents types de pollution qui existent dans le monde et leurs répercussions sur la faune, la flore et les hommes.
2. Avec deux camarades de classe, préparez une présentation orale sur les pollutions spécifiques de votre région.
3. Avec deux camarades de classe, préparez une présentation orale sur Greenpeace ou toute autre organisation connue pour sa défense de l'environnement. Vous mentionnerez, entre autres, les points suivants:

- Année de fondation
- Nombre de membres

- Buts atteints
- Autres objectifs

## E.  LE JEU DES DEVINETTES

Un(e) camarade et vous choisissez un événement écologique important et connu (par exemple, la marée noire causée par le navire « Exxon Valdez » en Alaska) et que le reste de la classe essaie de deviner en posant toutes sortes de questions auxquelles vous ne pouvez répondre que par « oui » ou par « non ».

> **EXEMPLE**
>
> **1.** Est-ce qu'il s'agit d'un désastre écologique?
> **2.** Cela s'est-il passé récemment? . . .

## F.  AMALGAME

La classe se divise en trois groupes chargés de trouver un article de magazine français ayant trait à l'écologie. Avant de venir en classe, les étudiants de chaque groupe devront:

- discuter de cet article avec les membres de leur groupe.
  - être capable de le résumer ou de le commenter oralement.

En classe, les étudiants devront:

- présenter l'article choisi par leur groupe.
  - répondre aux questions des autres groupes sur leur article.
    - commenter les articles choisis par les autres groupes.

Vous pouvez trouver de tels articles dans les magazines français suivants: *Le Point*, le *Nouvel Observateur* et le *Figaro Magazine*.

---

### SOYONS CREATIFS!

*Writing Tips:* **REVISING YOUR PAPER**

**Accent Marks**

French, unlike English, uses a variety of accent marks. Treat them respectfully, because they are part of spelling. A lot of words in French can only be distinguished from one another by their accent marks. Here are some examples:

- ☐  Un **mur** n'est jamais **mûr.**
- ☐  Je suis **sûre** que la pomme **sur** la table est **sure.**
- ☐  Il n'y a pas de **pâte** dans un **pâté.**
- ☐  Une **cote** n'est pas une **côte** et pas un **côté.**

Don't forget the accent mark on the past participle of **-er** verbs: *je demande,* but *j'ai demandé.* And be aware of stem-changing verbs: *j'achète,* but *nous achetons; je préfère,* but *nous préférons,* and so on. When in doubt, consult a grammar reference book.

*A.* En 50 mots, expliquez votre intérêt ou votre désintérêt pour l'écologie.

*B.* En 70 mots, terminez le dialogue suivant.

> MARC:   Moi, j'admire beaucoup les gens comme le commandant Cousteau, qui passent leur vie à défendre la nature.
> CHRISTINE:   Oui, moi aussi. C'est génial ce qu'il fait. Et pourtant ce n'est pas facile de persuader les gouvernements de dépenser des sommes énormes pour sauvegarder la nature.
> MARC:   Tu as raison. En fait, je trouve qu'on devrait enseigner la protection de l'environnement aux jeunes dès l'école primaire. Qu'est-ce que tu en penses?
> CHRISTINE:   . . .

*C.* En 100 mots, exposez les mesures que les gouvernements devraient prendre, à votre avis, pour protéger l'environnement.

*D.* En 150 mots, rédigez une conversation dans laquelle un membre de Greenpeace tente de persuader un couple de donner de l'argent en faveur de son organisation.

*E.* En 200 mots, composez un essai dans lequel vous imaginerez comment sera le monde dans 50 ans.

# GLOSSAIRE

**accoucher** to give birth
**accroché(e) (« accro »)** hooked, addicted
**accusé(e) (de)** accused (of)
**acteur(-trice)** actor (actress)
**action** *f.* action
**actuel(le)** current
**additif** *m.* additive
**addition** *f.* addition; restaurant bill
**administratif(-ive)** administrative
**admis(e)** admitted
**adolescent(e)** *m., f.* teenager
**affamé(e)** starving
**agrès** *m.pl.* apparatus
**aimer** to like, love
**aîné(e)** elder, eldest
**aise** *f.* comfort; **à l'aise** comfortable
**alcool** *m.* alcohol
**alcoolique** alcoholic (person)
**alcoolisé(e)** alcoholic (drink)
**alcoolisme** *m.* alcoholism
**aliment** *m.* food
**alimentation** *f.* diet, food
**alimenter, s'—** to feed oneself, eat
**alizé** *m.* trade wind
**allergique (à)** allergic (to)
**ambiance** *f.* atmosphere
**ambitieux(-euse)** ambitious
**ami(e)** friend; **petit(e) ami(e)** boyfriend (girlfriend)
**amour** *m.* love; **faire l'amour** to make love
**amoureux(-euse)** in love
**ancêtres** *m.pl.* ancestors
**angoisse** *f.* anxiety
**animé(e)** lively
**apéritif** *m.* cocktail
**apparence** *f.* appearance
**appétissant(e)** appetizing
**applaudir** to clap
**arbre** *m.* tree; **arbre généalogique** family tree
**arc** *m.* bow
**argot** *m.* slang
**artificiel(le)** artificial
**assister (à)** to attend; to witness
**assoiffé(e)** very thirsty
**astuce** *f.* trick
**atmosphère** *f.* atmosphere
**atterrir** to land
**attiré(e) (par)** attracted (to)
**attraper** to catch; **attraper un rhume** to catch a cold

**auberge** *f.* inn; **auberge de jeunesse** youth hostel
**au-dessus** beyond; **au-dessus de ses moyens** beyond one's means
**auditeur(-trice)** audience member; **auditeur(-trice) libre** student auditing a lecture course
**augmentation** *f.* raise
**autobiographique** autobiographical
**avare** miserly
**avarice** *f.* miserliness
**avocat(e)** *m., f.* lawyer
**avoir** to have; **avoir le trac** to have stage fright; **avoir mal (à)** to have a pain (in)

**baby-sitting** *m.* babysitting; **faire du baby-sitting** to babysit
**baiser** *m.* kiss
**baisser** to diminish, lower
**balle** *f.* (small) ball
**ballon** *m.* (large) ball
**bande** *f.* strip; **bande dessinée** cartoon strip; **bande originale** original soundtrack
**banquet** *m.* banquet
**banquier(-ère)** banker
**baptiser** to baptize
**barbiturique** *m.* barbiturate
**basket-ball** *m.* basketball
**bâton** *m.* stick
**battre** to beat, defeat
**beauté** *f.* beauty
**bébé** *m.* baby
**bénin (bénigne)** mild, benign
**best-seller** *m.* best-seller
**bête** dumb
**bêtise** *f.* stupid thing
**bien cuit(e)** cooked well-done
**bilingue** bilingual
**billet** *m.* ticket
**biodégradable** biodegradable
**bistrot** *m.* small café-restaurant
**bleu** blue; very rare (meat)
**blouson noir** m. hoodlum
**boisson** *f.* drink **boîte** *f.* box, can; **en boîte** canned
**bonne** *f.* maid;
**bonne d'enfants** nanny
**bonnet** *m.* cap; **bonnet de bain** bathing cap
**botte** *f.* boot
**bouffer** (*pop.*) to eat
**bouquin** *m.* (*pop.*) book

**bourse** *f.* grant; **bourse d'études** scholarship
**bousculer** to jostle
**boxe** *f.* boxing; **faire de la boxe** to box
**boxer** to box
**brasserie** *f.* large café-restaurant
**bronzé(e)** suntanned; **se faire bronzer** to get a tan, to sunbathe
**broyer du noir** to have the blues
**brutal(e)** brutal
**bûcher** (*pop.*) to cram (for an examination)
**buffet** *m.* buffet
**bureau** *m.* office; **bureau de placement** employment agency

**cabinet** *m.* professional office; **cabinet du médecin** doctor's practice
**cachet** *m.* tablet (medical)
**cadet(te)** younger, youngest
**cadre** *m.* executive
**cafétéria** *f.* cafeteria
**calorie** *f.* calorie
**cambrioleur(-euse)** burglar
**came** *f.* (*pop.*) dope
**camper** to camp
**campus** *m.* campus
**cancer** *m.* cancer
**cancérigène** carcinogenic
**candidat(e)** *m., f.* candidate, applicant
**candidature** *f.* application
**canne** *f.* cane, rod, golf club
**car** *m.* bus
**caravane** *f.* camping trailer
**cardiologue** *m., f.* cardiologist
**carrière** *f.* carreer
**carte** *f.* card; map; **carte d'étudiant** student pass
**cascade** *f.* stunt; **faire une cascade** to perform a stunt
**cascadeur(-euse)** stuntman (stuntwoman)
**catastrophe** *f.* catastrophe
**catastrophique** catastrophic
**causer** to cause
**cavaleur(-euse)** womanizer (manhunter)
**célèbre** famous
**centrale** *f.* generating plant; **centrale nucléaire** nuclear plant
**centre** *m.* center; **centre balnéaire** seaside resort
**cerveau** *m.* brain

**chaîne** *f.* television channel; assembly line; **à la chaîne** on the assembly line
**champion(ne)** champion
**championnat** *m.* championship
**chanson** *f.* song
**chargé(e) de** in charge of
**château** *m.* castle
**châtier son langage** to watch one's language
**chef** *m.* head; head cook; **chef d'entreprise** company manager; **chef-d'œuvre** masterpiece
**chemin** *m.* path
**chimique** chemical
**chirurgien(ne)** surgeon
**choisir une filière** to choose a career
**chômage** *m.* unemployment
**chômeur(-euse)** unemployed person
**choquer quelqu'un** to hurt someohe's feelings
**cimetière** *m.* cemetery
**cinéaste** *m.* film maker
**cinéma** *m.* movie theatre; movie business
**faire du cinéma** to be in films
**circuit** *m.* round trip
**cité** *f.* complex of buildings; **cité universitaire** student residences
**clientèle** *f.* clientele
**climat** *m.* climate
**climatique** climatic
**cocaïne** *f.* cocaine
**cocotier** *m.* coconut tree
**colloque** *m.* colloquium
**colorant** *m.* artificial color
**comédie** *f.* comedy, play; **comédie musicale** musical
**comique** comical, amusing
**commander** to order
**commercial(e)** commercial
**commerçant(e)** *m., f.* shopkeeper
**commettre un crime** to commit a crime
**compétitif(-ive)** competitive
**compétition** *f.* competition
**comporter, se** to behave
**composer, se — (de)** to consist (of)
**comprimé** *m.* tablet
**comptabilité** *f.* accounting
**comptable** *m.,f.* accountant
**compte** *m.* count; **compte à rebours** countdown

**compte tenu de** in view of
**concours** *m.* competition, competitive examination
**concubinage** *m.* cohabitation
**concurrence** *f.* competition
**concurrent(e)** *m., f.* competitor
**condamnation** *f.* sentence
**condoléances** *f.pl.* condolences
**conjoint(e)** *m., f.* spouse
**conseiller** to advise
**conseiller(-ère)** adviser
**conserver** to preserve
**contagieux(-euse)** contagious
**contemporain(e)** contemporary
**contracter** to contract (a disease)
**contrôler** to control
**copain (copine)** *m., f.* friend
**cordon-bleu** *m.* fine cook
**couche** *f.* layer; **couche d'ozone** ozone layer
**coup** *m.* blow; **coup de foudre** love at first sight
**cour** *f.* courtship; **faire la cour (à)** to court someone
**coureur(-euse)** runner; womanchaser (manhunter)
**cours** *m.* course; **cours magistral** lecture
**course** *f.* run; **faire de la course à pied** to run
**court** *m.* court
**couvert** *m.* cover; pretext; **sous le couvert d'amitié** under the pretext of friendship
**côte** *f.* coast
**creuser** to dig; **se creuser les méninges** to rack one's brains
**crime** *m.* crime
**criminalité** *f.* crime
**criminel(le)** criminal
**crise** *f.* crisis;
**crise cardiaque** heart attack; **crise de foie** indigestion
**critique** *f.* criticism; review
**critique** *m., no f.* critic
**croisière** *f.* cruise
**croissance** *f.* growth
**crosse** *f.* hockey stick
**cru(e)** raw
**cuire** to cook; **faire cuire** to cook
**cuisine** *f.* kitchen; cooking; **faire la cuisine** to cook; **haute cuisine** elegant cooking
**cuisiner** to cook
**cuisson** *f.* cooking
**cuit(e)** cooked

**cultivé(e)** educated
**cultiver, se —** to cultivate one's mind
**culturel(le)** cultural
**cure** *f.* cure; **cure de désintoxication** treatment for alcoholism or drug addiction
**curriculum vitae** *m.* résumé

**danger** *m.* danger
**débarquer** to disembark
**débat** *m.* debate
**débutant(e)** *m., f.* beginner
**décédé(e)** deceased
**décès** *m.* death
**déchet** *m.* waste
**décoller** to take off
**déconcerter** to disconcert
**décor** *m.* decor
**décoration** *f.* decoration
**décrypter** to decipher
**défaut** *m.* fault, shortcoming
**déforestation** *f.* deforestation
**défunt(e)** deceased
**déguster** to savor
**délicieux(-euse)** delicious
**délinquance** *f.* delinquency; **délinquance juvénile** juvenile delinquency
**délinquant(e)** delinquent
**délit** *m.* offense
**demande** *f.* request; demand
**demi-frère** *m.* half-brother, stepbrother
**demi-pension** *f.* half-board
**demi-sœur** *f.* half-sister, stepsister
**demoiselle** *f.* young lady; unmarried woman; **demoiselle d'honneur** bridesmaid
**département** *m.* department
**dépaysé(e)** disoriented
**dépistage** *m.* screening
**dermatologue** *m.,f.* dermatologist
**dérouler, se, à** to take place in
**dérouter** to confuse
**désastre** *m.* disaster
**désemparé(e)** helpless
**désintoxiqué(e)** dried out, detoxed; **se faire désintoxiquer** to dry out, get off drugs
**dessin** *m.* drawing; **dessin animé** cartoon
**détendre, se** to relax
**détruire** to destroy
**deuil** *m.* mourning; **être en deuil** to be in mourning

**diabète** *m.*   diabetes
**dicton** *m.*   saying
**diététique**   dietetic
**difficile**   difficult; finicky
**diffuser**   to broadcast
**diffusion** *f.*   broadcasting
**diplôme** *m.*   degree, diploma
**directeur(-trice)**   manager
**diriger une entreprise**   to run a
  company
**discipline** *f.*   discipline; subject
**disponibilité** *f.*   availability
**disponible**   available
**disqualifié(e)**   disqualified
**distrayant(e)**   entertaining
**distribution** *f.*   cast
**divertissant(e)**   entertaining
**diviser, se — en**   to be divided
  into
**divorcé(e)**   divorced
**divorcer (de)**   to divorce
**doctorat** *m.*   doctorate
**documentaire** *m.*   documentary
**dossier** *m.*   file; **dossier
  d'inscription**   registration
  records
**doubler**   to dub
**doublure** *f.*   stand-in
**draguer**   to chat someone up, to
  try to pick someone up
**dragueur(-euse)**   woman-chaser
  (man-chaser)
**dramatique**   dramatic
**dramatique** *f.*   television drama
**drogue** *f.*   illegal drug
**drogué(e)**   addicted; **se droguer**
  to be on drugs
**drogué(e)**   drug addict
**droits** *m.pl.*   fees; **droits
  d'inscription**   registration fees
**drôle**   funny; strange
**dynamique**   dynamic


**eau** *f.*   water; **eau douce**   fresh
  water
**échauffer, s'**   to warm up
**échec** *m.*   failure
**échouer (à)**   to fail (at)
**éclatant**   bright
**écologie** *f.*   ecology
**écologique**   ecological
**écologiste** *m.,f.*   ecologist
**économie** *f.*   economy
**économique**   economic
**écran** *m.*   screen
**écrivain(e)**   writer
**éducatif(-ive)**   educational

**effet** *m.*   effect; **effet de serre**
  greenhouse effect
**efféminé(e)**   effeminate
**effréné(e)**   frantic
**égoïste**   selfish
**élever**   to raise (children)
**éloigné(e)**   distant
**embaucher**   to hire
**embrasser**   to kiss
**émission** *f.*   broadcast; **émission
  de variétés**   variety show;
  **émission-jeu**   game show
**émouvant(e)**   moving
**empêcher**   to prevent
**emploi** *m.*   job
**employé(e)**   employee
**enceinte**   pregnant
**énergique**   energetic
**engager**   to hire
**engloutir**   to gulp down
**engrais** *m.*   fertilizer
**enregistrement** *m.*   recording
**enregistrer**   to record
**enrhumé(e)**   having a cold
**enseignant(e)** *m., f.*   teacher
**enseignement** *m.*   education;
  **enseignement supérieur**
  higher education
**entendre, s'— avec**   to get along with
**enterrement** *m.*   funeral
**enterrer**   to bury
**entraîné(e)**   trained; **s'entraîner**
  to be in training
**entraîneur(-euse)**   coach
**entrée** *f.*   appetizer
**entreposer**   to stock
**entreprise** *f.*   business
**environnement** *m.*   environment
**épicé(e)**   spicy
**épidémie** *f.*   epidemic
**épouser**   to marry
**éprendre, s'— de**   to fall in love with
**équilibre** *m.*   balance
**équipe** *f.*   team
**équitation** *f.*   horseback riding
**érudit(e)**   learned
**essor** *m.*   rapid development
**estropier (un mot)**   to
  mispronounce (a word)
**étape** *f.*   stage
**éternuer**   to sneeze
**étranger(-ère)**   foreign
**éviter**   to avoid
**examen** *m.*   examination
**examinateur(-trice)**   examiner
**examiner**   to examine; **se faire
  examiner**   to have oneself
  examined

**excès** *m.* excess; **excès de vitesse** speeding
**excursion** *f.* excursion
**exercer une profession** to pursue a profession
**exiger** to require
**exotique** exotic
**expatriable** willing to leave one's country
**expérimenté(e)** experienced
**exploitation** *f.* exploitation, use
**exploiter** to exploit, make use of
**exposition** *f.* exhibition

**fabriquer** to manufacture
**face** *f.* face; **faire face à** to face up to
**facultatif(-ive)** optional
**faible** weak
**faire-part** *m.* announcement; **faire-part de décès** death announcement; **faire-part de mariage** wedding announcement
**famille** *f.* family; **famille nombreuse** large family
**faune** *f.* fauna, wildlife
**félicitations** *f.pl.* congratulations
**féminin(e)** feminine
**féminité** *f.* femininity
**feuilleter** to leaf through
**feuilleton** *m.* soap opera, television serial
**fiancé(e)** fiancé(e); **se fiancer (avec)** to get engaged (to)
**fidèle** faithful
**fidélité** *f.* faithfulness
**fier(-ère)** proud
**fièvre** *f.* fever
**figurant(e)** extra, bit player
**file** *f.* line; **file d'attente** waiting line
**filière** *f.* subject; career
**fille** *f.* girl, daughter; **fille unique** only child
**film** *m.* film; **film d'espionnage** spy film; **film policier** detective film
**fils** *m.* son; **fils unique** only child
**finale** *f.* final
**fléau** *m.* scourge
**flèche** *f.* arrow
**flic** *m.* (*pop.*) cop
**flore** *f.* flora
**foie** *m.* liver; **faire une crise de foie** to have indigestion

**fonctionnaire** *m.,f.* civil servant
**football** *m.* soccer
**formation** *f.* training
**fort(e)** strong
**four** *m.* (*pop.*) flop; **faire un four** to flop
**foyer** *m.* home; **foyer d'étudiants** student center
**fragile** fragile
**frais (fraîche)** cool, fresh
**francophone** French-speaking
**frayeur** *f.* fright
**friandise** *f.* delicacy
**fusée** *f.* rocket

**gagnant(e)** winning
**gagner** to win
**gant** *m.* glove
**garçon** *m.* boy; waiter; **garçon d'honneur** best man
**garder un enfant** to babysit
**gastronome** *m.,f.* gastronome
**gastronomie** *f.* gastronomy
**gaz** *m.* gaz; **gaz carbonique** carbon dioxide
**gênant(e)** annoying
**gêner** to bother
**généraliste** *m.,f.* family practitioner
**généreux(-euse)** generous
**gentil(le)** nice, kind
**gentillesse** *f.* kindness
**gîte** *m.* lodging place; **gîte de montagne** mountain lodge
**globe** *m.* globe
**golf** *m.* golf
**gourmand(e)** gluttonous, greedy
**gourmet** *m.* gourmet
**goût** *m.* taste
**goûter** to taste
**grave** serious
**grève** *f.* strike; **faire la grève** to go on strike
**grippe** *f.* flu
**gros(se)** fat
**grossir** to gain weight
**guérir** to heal
**gueuleton** *m.* (*pop.*) feast, blow-out; **faire un gueuleton** to "pig out"
**gymnase** *m.* gymnasium
**gymnastique** *f.* gymnastics
**gynécologue** *m.,f.* gynecologist

**hébergement** *m.* lodging
**hépatite** *f.* hepatitis
**hériter** to inherit

**héroïne** *f.* heroin
**hockey** *m.* hockey; **hockey sur glace** ice hockey
**hôpital** *m.* hospital
**hors-d'œuvre** *m.* starter
**humanité** *f.* humankind
**humoristique** humorous
**hygiène** *f.* hygiene
**hypertendu(e)** suffering from high blood pressure
**hypotendu(e)** suffering from low blood pressure

**illustré(e)** illustrated
**immense** huge
**imprévu(e)** unexpected
**impuissant(e)** impotent
**impulsif(-ive)** impulsive
**incarcérer** to incarcerate
**inconnu(e)** unknown
**incurable** incurable
**indigeste** indigestible
**indigestion** *f.* indigestion
**individuel(le)** individual
**indulgent(e)** indulgent
**infarctus** *m.* heart attack
**infidèle** unfaithful
**infidélité** *f.* unfaithfullness
**influencer** to influence
**informaticien(ne)** computer scientist
**informations** *f.pl.* television news
**informatique** *f.* computer science
**informer** to inform
**ingénieur** *m., no f.* engineer
**ingrédient** *m.* ingredient
**inquiet(-ète)** worried
**inscrire, s'— à** to enroll in, sign up for
**insensible** insensitive
**insipide** tasteless, bland
**insomniaque** insomniac
**insomnie** *f.* insomnia
**instructif(-ive)** instructive
**intact(e)** intact
**intelligence** *f.* intelligence
**internement** *m.* confinement
**interprète** *m., f.* interpreter
**intimité** *f.* privacy, intimacy
**intoxiqué(e)** intoxicated
**intransigeant(e)** uncompromising
**intrigue** *f.* plot
**île** *f.* island
**inverse** *m.* contrary

**jeu** *m.* game
**Jeux Olympiques** Olympic Games

**jouer** to play; **jouer au golf** to play golf; **jouer au tennis** to play tennis; **jouer la comédie** to act; **jouer un rôle** to play a part; **se jouer** to be playing (at a theater)
**journal** *m.* newspaper
**journal télévisé** newscast
**juridique** legal

**laideur** *f.* ugliness
**laisser tomber quelqu'un** to jilt someone
**lamenter, se —** to moan, to lament
**langage** *m.* language
**langue** *f.* tongue, language; **langue étrangère** foreign language; **langue maternelle** mother tongue, native language
**lecteur(-trice)** reader
**licence** *f.* bachelor's degree
**licenciement** *m.* layoff
**licencier** to lay off
**lien** *m.* link; **liens de parenté** family ties
**limitation** *f.* limit; **limitation de vitesse** speed limit
**lire en diagonale** to skim through
**littoral** *m.* coastline
**livre** *m.* book; **livre de poche** paperback book
**local(e)** local
**louer** to rent
**loupe** *f.* magnifying glass; **à la loupe** closely
**lune** *f.* moon; **lune de miel** honeymoon
**lutter (contre)** to fight (against)

**magnifique** wonderful
**maigrir** to lose weight
**maillot de bain** *m.* bathing suit
**main-d'œuvre** *f.* work force
**maintenir, se— en forme** to stay in shape
**maîtrise** *f.* master's degree
**maîtriser une langue** to master a language
**majeur(e)** of age
**mal** *m.* pain; **mal de tête** headache
**maladie** *f.* disease
**manège** *m.* riding school; circus ring
**manger** to eat; **manger sur le pouce** to have a quick snack

**manifester (contre)** to demonstrate (against)
**maquillage** *m.* makeup
**marée** *f.* tide; **marée noire** oil spill
**marginal(e)** marginal
**mariage** *m.* marriage **mariage d'amour** love match; **mariage d'argent** money match; **mariage de raison** marriage of convenience
**marié(e)** married; **se marier (avec)** to get married (to)
**marié(e)** *m., f.* groom (bride); **jeunes mariés** newlyweds
**marraine** *f.* godmother
**masque** *m.* mask
**massacrer une langue** to murder a language
**match** *m.* match, game
**maternel(le)** maternal
**mec** *m.* guy
**méchanceté** *f.* nastiness, wickedness
**méchant(e)** nasty, wicked
**médaille** *f.* medal
**médecin** *m., no f.* physician
**médicament** *m.* medicine, drug
**menace** *f.* threat
**menacer** to threaten
**méningite** *f.* meningitis
**mépris** *m.* disdain
**métier** *m.* occupation
**mets** *m.* dish of food
**metteur en scène** *m., no f.* producer, director
**mettre** to put; **mettre en danger** to jeopardize; **mettre en prison** to imprison; **mettre en scène** to direct
**microbe** *m.* germ
**migraine** *f.* migraine
**mince** thin, skinny
**mineur(e)** underage, minor
**minuscule** tiny
**mise en scène** *f.* production
**mittonner** to cook up something special
**monde** *m.* world
**mondial(e)** worldwide
**monument** *m.* monument
**mordu(e) de** crazy about
**mort** *f.* death
**mort(e)** dead; **mort(e)** dead person
**mosquée** *f.* mosque
**motivé(e)** motivated; reasoned out
**moule** *m.* mold
**mountagneux(-euse)** mountainous

**mourir** to die
**musclé(e)** muscular
**musculation** *f.* bodybuilding

**nager** to swim
**naître** to be born
**nappe** *f.* sheet, layer; **nappe de pétrole** oil slick
**natation** *f.* swimming; **faire de la natation** to swim
**nature** *f.* nature
**naturel(le)** natural
**navette** *f.* shuttle
**néfaste** harmful
**non-alcoolisé(e)** nonalcoholic
**non-polluant(e)** nonpolluting
**non-toxique** nontoxic
**non-violence** *f.* nonviolence
**nordique** Nordic
**notamment** notably
**note** *f.* grade
**nourrir, se — de** to feed on
**nourrisson** *m.* infant
**nourriture** *f.* food
**nouvelle** *f.* short story; piece of news
**nucléaire** nuclear

**obligatoire** mandatory
**obtenir un emploi** to get a job
**océan** *m.* ocean
**office** *m.* office, bureau; **office du tourisme** tourist office
**offre** *f.* supply
**olympique** Olympic
**opérer** to operate; **se faire opérer** to have surgery
**ordinateur** *m.* computer
**oreillons** *m. pl.* mumps
**orphelin(e)** *m., f.* orphan
**orthographe** *m.* spelling
**oser** to dare
**outre** besides
**ouvrage** *m.* literary work
**ouvreuse** *f.* usherette
**ouvrier(-ère)** worker

**palet** *m.* puck
**palmes** *f.pl.* fins, flippers
**pansement** *m.* bandage
**papillon** *m.* butterfly; **la brasse papillon** *f.* butterfly stroke
**paquebot** *m.* ocean liner
**parcours** *m.* distance covered; route; golf course

**paresse** *f.* laziness
**paresseux(-euse)** lazy
**pari** *m.* bet
**parrain** *m.* godfather
**partenaire** *f.* partner
**partie** *f.* game
**partir** to go away; **partir à la découverte** to go off in a spirit of discovery; **partir en vacances** to go on vacation
**passer** to pass; **passer du temps** to spend time; **passer ses vacances (à)** to spend one's vacation (in); **passer un examen** to take an examination; **se passer** to happen; **se passer de** to do without
**passeur** *m., no f.* drug smuggler
**passionné(e)** passionate; **être passionné(e) de** to have a passion for
**paternel(le)** paternal
**patin** *m.* skate; **patin à glace** ice-skate; **faire du patin à glace** to ice-skate
**patinage** *m.* skating
**patiner** to skate
**patinoire** *f.* ice rink
**patrimoine** *m.* heritage; patrimony
**patron(ne)** boss, owner
**pause** *f.* break
**paysage** *m.* landscape
**P.D.G.** *m.* CEO
**pédagogique** pedagogical
**pension** *f.* board; **pension complète** full board
**perdant(e)** losing; loser
**perdre** to lose
**perdre du poids** to lose weight
**péril** *m.* peril, danger
**personnalité** *f.* personality
**pester** to curse
**pesticide** *m.* pesticide
**pétrole** *m.* petroleum, oil
**physique** *m.* physique, look
**pièce** *f.* play
**pilule** *f.* pill
**pique-niquer** to picnic
**piqûre** *f.* shot
**piscine** *f.* swimming pool
**piste** *f.* track, ski run
**pittoresque** picturesque
**pizzeria** *f.* pizzeria
**place** *f.* seat, place
**plaindre, se (de)** to complain (about)
**plaisir** *m.* pleasure

**planète** *f.* planet
**planétaire** planetary
**plat** *m.* dish; **plat principal** main course
**plat(e)** flat
**plateau** *m.* tray
**plongée** *f.* diving; **plongée sous-marine** scuba diving
**pluie** *f.* rain; **pluies acides** acid rain
**poésie** *f.* poetry
**poids** *m.* weight; **perdre du poids** to lose weight; **prendre du poids** to gain weight
**poids lourd** *m.* truck, leader
**point** *m.* point; **à point** cooked medium
**poivré(e)** peppery, spicy
**politique** political
**polluant** *m.* pollutant
**polluant(e)** polluting
**pollué(e)** polluted
**polluer** to pollute
**pollueur(-euse)** polluter
**pollution** *f.* pollution
**poser un lapin à quelqu'un** to stand someone up
**poste** *m.* position, job
**potasser** (*pop.*) to cram (for a test)
**pouilleux(-euse)** lice-ridden
**poumon** *m.* lung
**pourboire** *m.* tip
**pratique** convenient, practical
**prendre** to take; **prendre du poids** to gain weight
**préparer** to prepare
**présentateur(-trice)** television presenter, newscaster
**présentation** *f.* presentation
**prévenant(e)** considerate
**prévention** *f.* prevention
**prise** *f.* sample; **se faire faire une prise de sang** to have a blood sample taken
**prison** *f.* prison
**proche** close
**procurer, se — de la drogue** to obtain drugs
**produit** *m.* product; **produit chimique** chemical
**professeur** *m., no f.* professor, teacher
**protéger** to protect
**protéine** *f.* protein
**protester (contre)** to protest
**provoquer** to provoke
**psychiatre** *m.,f.* psychiatrist

**psychologue** *m.,f.* psychologist
**pub** *f.(pop.)* ad, commercial
**public** *m.* audience
**public(-ique)** public
**publicité** *f.* commercial, advertising
**puissance** *f.* power; **grande puissance** superpower

**qualité** *f.* quality
**quant à** as for
**queue** *f.* queue, line

**radioactif(-ive)** radioactive
**radio(graphie)** *f.* X-ray; **se faire faire des radios** to have X-rays taken
**rajeunir** to look, to feel younger
**randonnée** *f.* hike
**rapport** *m.* relation; **rapports sexuels** sexual relations
**raquette** *f.* racket
**rassuré(e)** reassured
**rater** to fail (an exam); to miss (a train)
**ravissement** *m.* rapture
**recalé(e)** failed candidate
**réchauffement** *m.* warming up
**rechercher** to look for, recruit
**rechuter** to have a relapse
**recruter** to recruit
**redoubler** to repeat a grade
**régal** *m.* delight, treat
**régime** *m.* diet
**rehausser** to enhance
**relâché(e)** lax
**relais** *m.* inn
**remarié(e)** remarried
**rémunération** *f.* payment, remuneration
**renseigner, se —sur** to ask for information about
**repas** *m.* meal
**répéter** to rehearse; to repeat
**répétition** *f.* rehearsal
**reposé(e)** rested; **se reposer** to rest
**représentation** *f.* performance
**reprise** *f.* rerun, repeat
**réservation** *f.* reservation
**résidence** *f.* residence; **résidence universitaire** dormitory
**résidu** *m.* residue
**responsable de** responsible for
**restaurant** *m.* restaurant

**restaurant universitaire** student cafeteria
**restauration** *f.* restaurant business
**restauration rapide** fast food industry
**retirer un dossier** to pick up a file
**retraite** *f.* retirement
**réussir (à)** to succeed (at); to pass (an exam)
**revendeur** *m.* drug pusher
**revue** *f.* magazine
**rhumatismes** *m.pl.* rheumatism
**rhume** *m.* cold
**ring** *m.* (boxing) ring
**rivière** *f.* river
**roman** *m.* novel; **roman d'amour** love story; **roman d'espionnage** spy story; **roman policier** detective story
**romancier(-ère)** novelist
**rompre ses fiançailles** to break off one's engagement
**rougeole** *f.* measles

**sable** *m.* sand
**saignant(e)** cooked rare
**saison** *f.* season
**salaire** *m.* salary
**salarié(e)** salaried
**salé(e)** *f.* salty
**salle** *f.* room
**santé** *f.* health
**sauvage** wild
**sauvegarder** to save
**saveur** *f.* flavor
**savoureux(-euse)** tasty, flavorful
**scène** *f.* stage
**science-fiction** *f.* science-fiction
**scientifique** scientific
**séance** *f.* performance
**sécher un cours** *(pop.)* to skip a class
**séduire** to seduce
**selle** *f.* saddle
**sens** *m.* meaning; direction
**sensible** sensitive
**sensibilité** *f.* sensitivity
**sentiment** *m.* feeling
**sentimental(e)** sentimental
**sentir quelqu'un** *(pop.)* to be able to stand someone; **se sentir dépaysé(e)** to feel disoriented
**séparé(e)** separated; **se séparer de** to part from

**série** *f.*  television serial
**sérieux(-euse)**  serious
**serveur(-euse)**  waiter (waitress)
**service** *m.*  service; department
**sévère**  severe, stern
**sexualité** *f.*  sexuality
**shopping** *m.*  shopping; **faire du shopping**  to shop
**sida** *m.*  AIDS
**siècle** *m.*  century
**sirop** *m.*  syrup
**ski** *m.*  ski; **faire du ski**  to ski
**skier**  to ski
**snack-bar** *m.*  snack bar
**société** *f.*  society
**soigner**  to take care; **se faire soigner**  to get treatment
**soin** *m.*  treatment
**solide**  solid, strong
**sommeil** *m.*  sleep
**son** *m.*  sound
**sortir**  to go out; **sortir avec**  to go out with, date; **s'en sortir**  to pull through
**souci** *m.*  concern; **par souci de**  out of concern for
**souffrir (de)**  to suffer (from)
**source** *f.*  source
**sous-titrages** *m.pl.*  subtitles
**sous-titrer**  to subtitle
**soutenir**  to maintain
**spécialisation** *f.*  specialization
**spécialiste** *m.,f*  specialist
**spécialité** *f.*  specialty
**spectacle** *m.*  show
**spectateur(-trice)**  spectator
**splendide**  splendid, gorgeous
**sport** *m.*  sports; **faire du sport**  to play sports
**sportif(-ive)**  athletic, fond of sports
**spot publicitaire** *m.*  commercial
**stade** *m.*  stadium
**stage** *m.*  training period; **faire un stage**  to be in training, serve one's apprenticeship
**star** *f.*  movie star
**station** *f.*  resort; **station de sports d'hiver**  winter sports resort; **station thermale** spa
**stressé(e)**  stressed
**studio** *m.*  studio
**stupéfiant** *m.*  narcotic
**subir**  to undergo
**succès** *m.*  success
**suicide** *m.*  suicide
**suicider, se —**  to commit suicide

**suivre**  to follow; **suivre un cours**  to take a course; **suivre un régime**  to be on a diet
**sur**  on; **sur ce**  thereupon
**suranné(e)**  outdated
**surf** *m.*  surfing; **faire du surf**  to surf
**surgelé(e)**  frozen (food)
**surveiller**  to watch, keep an eye on
**symposium** *m.*  symposium

**tabac** *m. (pop.)*  smash hit; **faire un tabac**  to be a big hit
**tabou** *m.*  taboo
**tant que**  as long as
**technique**  technical
**technologique**  technological
**télévisé(e)**  televised
**télévision** *f.*  television
**temps** *m.*  time; **à mi-temps** part-time; **à plein temps** full-time
**tendre**  tender
**tennis** *m.*  tennis
**tente** *f.*  tent; **tente de camping** camping tent
**terminer ses études**  to graduate
**terrain** *m.*  plot of land; **terrain de camping**  campground
**terre** *f.*  earth
**terrorisme** *m.*  terrorism
**test** *m.*  test
**théâtre** *m.*  theater
**théorique**  theoretical
**timide**  shy
**timidité** *f.*  shyness
**tir** *m.*  shooting; **tir à l'arc** archery
**tirer à l'arc**  to shoot with bow and arrow
**titulaire de**  holder of
**tombe** *f.*  grave
**tomber**  to fall; **tomber amoureux(-euse) de**  to fall in love with; **tomber enceinte**  to become pregnant
**touchant(e)**  moving
**tour** *m.*  tour; **faire le tour du monde**  to travel around the world
**tournage** *m.*  shooting (film)
**tourner un film**  to shoot a film
**tournoi** *m.*  tournament
**tousser**  to cough
**toxicomane** *m.,f.*  drug addict
**toxicomanie** *f.*  drug addiction
**toxine** *f.*  toxin

**toxique** toxic
**trafic** *m.* traffic; **faire du trafic de drogue** to deal drugs
**trafiquant(e) de drogue** drug dealer
**traitement** *m.* treatment; handling, processing; **traitement de texte** word processing
**traiter de** to deal with
**traîner dans les rues** to hang out in the streets, loiter
**tranquille** tranquil, peaceful
**transfusion** *f.* transfusion; **transfusion sanguine** blood transfusion
**transpire** to sweat
**transport** *m.* transport
**travail** *m.* work
**travailler à son compte** to be self-employed
**tricher** to cheat
**trilingue** trilingual
**tropical(e)** tropical
**tuba** *m.* snorkel
**tuer** to kill

**union** *f.* union; **union libre** cohabitation
**unique** unique, sole
**univers** *m.* universe
**universel(le)** universal
**universitaire** academic
**usine** *f.* factory

**vacciné(e)** vaccinated; **se faire vacciner** to get vaccinated

**vaincre** to defeat, overcome
**vallonné(e)** hilly
**varicelle** *f.* chickenpox
**vedette** *f.* movie star
**vendeur(-euse)** salesman (saleswoman)
**version** *f.* version; **version originale** original (undubbed) version
**vétérinaire** *m.,f.* veterinarian
**veuf(-ve)** widower (widow)
**vieillir** to grow old
**violence** *f.* violence
**violent(e)** violent
**viral(e)** viral
**viril(e)** viril
**virilité** *f.* virility
**virus** *m.* virus
**vitamine** *f.* vitamine
**vitesse** *f.* speed
**vivre** to live; **vivre d'amour et d'eau fraîche** to live on love alone; **vivre en marge de la société** to live on the fringes of society
**voilier** *m.* sailboat
**voleur(-euse)** thief
**volley-ball** *m.* volleyball
**volonté** *f.* will
**voyage** *m.* trip; **voyage de noces** honeymoon
**voyou** *m., no f.* hooligan, street urchin
**vraisemblable** plausible, likely
**vulnérable** vulnerable

# CREDITS

The author wishes gratefully to acknowledge the following sources for permitting the reproduction of their work in this book:

## Articles, Texts, and Tables

Page 7, *Femme Actuelle,* 25 septembre 1989; pp. 9–10, Denise Bombardier, « Bruno Bettelheim: des enfants privés d'enfance », *Le Point,* 28 mai 1988; pp. 18–19, « La Fidélité », *Santé Magazine,* janvier 1990; p. 21, Janick Arbois et Joshka Schidlow, *La Vraie Vie des Français* (Editions du Seuil, 1978), p. 227; pp. 23–24, Michelle Manceaux, « Le Couple, l'amour et l'argent », *Marie-Claire,* mars 1990; p. 35, « Courrier beauté », *Santé Magazine,* novembre 1986; pp. 38–39, « Adieu, stress », *Santé Magazine,* janvier 1990; p. 47, « Les Français déjeunent sur le pouce 654 millions de fois par an », *Le Tout Lyon et le Moniteur Judiciaire,* 15 mai 1986; p. 49, Blanche Rival, « D'accord? Pas d'accord! La Nouvelle Cuisine », *Femme Actuelle,* 3 novembre 1986; p. 51, Claude Forand, « Si vous ne pouvez le prononcer, devriez-vous en manger? », *Santé Société,* automne 1988; p. 55, recettes, *Santé Magazine,* novembre 1986; p. 66, Marie-Laure de Léotard, « Diplômes sans frontières », *L'Express International,* juillet 1988; p. 77, « Des conseils à suivre de près », *Femme Actuelle,* 3 novembre 1986; pp. 79–80, Jean-Sébastien Stehli, « Gagner à Barcelone, ce serait formidable », *L'Equipe Magazine,* 21 octobre 1989; p. 88, *Science et Vie Economie,* no. hors séries 89–90; pp. 92–93, « La France et les industries », *France-Amérique,* 31 mars 1988; p. 95, Thierry Gandillot, « Patrons, encore un effort », *Nouvel Observateur,* 16 septembre 1988; p. 104, « Le Mont-Dore », *Femme Actuelle,* 3 novembre 1986; pp. 106–107, « Les Antilles françaises », *Figaro-Magazine,* 5 novembre 1988; p. 115, *Jours de France,* 26 mars 1988; p. 116, « Made in U.S.A. », *L'Express,* 3 juillet 1987; p. 119, Annette Lévy-Willard, « Interview de Catherine Deneuve », *Elle,* 3 octobre 1988; p. 121, *Actua-Ciné,* octobre 1988; p. 129, Editions Robert Laffont, *Lire,* avril 1988; pp. 131–132, « La Manie du raccourci », *France-Amérique,* 17 mars 1988; p. 138, « Tour de France de la criminalité », *L'Express,* 29 janvier 1982; pp. 140–141, *Figaro-Magazine,* 3 septembre 1988; p. 143, « Sondage: oui au dépistage pour tous », *L'Express,* 6 novembre 1987; pp. 145–146, « Accro » à 12 ans », *L'Express,* 18 septembre 1987; p. 148, *L'Express,* 9 octobre 1987; pp. 161–162, « Comment sauver la planète », *L'Express,* 18 août 1989.

## Advertisements

Page 30, Val Santé, Val Morin, Québec; p. 31, Laboratoires de Médecine Végétale, Paris; p. 33, Weight Watchers, Bois d'Arcy, France; p. 40, Laboratoire Carvin, Aubagne-en-Provence; p. 45, Chez la Mère Michel, Montréal; p. 53, La Picholette, Montréal; p. 71, Forest Hill City Form, Nanterre; pp. 89–90, Bouygues Offshore, Montigny-le-Bretonneux; Institut régional du travail social d'Aquitaine, Talence; et SODERHU, Paris; p. 94, *Le Devoir,* Montréal; p. 103, Office national du tourisme tunisien; pp. 113, 118, *Le Devoir;* p. 126, *L'Officiel des spectacles;* p. 127, Agence Robert & Partners, Paris, pour Editions et Cours Atlas.

## Illustrations

Page 4, Jean Bellus, *Jours de France,* 25 avril 1964; p. 10, Mina et André Guillois, *A l'école du rire* (Editions Fayard, 1974), no. 459 et no. 827; p. 60, Centre expérimentale d'étude de la civilisation française, Université de Paris-Sorbonne; pp. 61–62, 64, Université de Paris X, Nanterre; p. 65, Bénédicte Roussel, *L'Express International,* juillet 1988; p. 73, Roger Blachon; pp. 74–75, F. Margerin, « Lucien dans « Un Mec gonflé », *V.S.D.,* 20 juillet 1989; p. 94, Wolinski pour le *Nouvel Observateur,* 16 novembre 1989; p. 102, Jean Bellus, *Jours de France,* 23 mars 1963; p. 120, Agence Ali, Bruxelles; p. 132, P. Gay, *Jours de France,* 26 mars 1988; p. 156, Jacques Faizant, *Le Point,* 10 juillet 1989; pp. 158–159, « Les Risques majeurs », *L'Express,* 14 avril 1989.

## Photographs

Page 8, Défail pour *Le Point,* 28 mai 1988.

## Photographs

All of the following photographs have been copyrighted. Page 1, Isabelle Salaün-Gorrell; p. 6, Mark Antman, The Image Works; p. 13, Jean-Claude Lejeune, Stock; p. 15, Stuart Cohen, Comstock; p. 17, Owen Franken, Stock; p. 20, Beryl Goldberg; p. 22, Michael Mazzaschi, Stock; p. 29, Mark Antman, The Image Works; p. 37, Ulrike Welsch; p. 43, Stuart Cohen, Comstock; p. 48, Alain Benainous and Boleslaw Edelhajt, Gamma-Liaison; p. 50, Michael Mazzaschi, Stock; p. 57, Mark Antman, The Image Works; p. 60, Beryl Goldberg; p. 63, Stuart Cohen, Comstock; p. 69, Peter Menzel; p. 76, Stuart Cohen, Comstock; p. 78, UPI/Bettman; p. 83, Stuart

Cohen, Comstock; p. 87, Owen Franken, Stock; p. 87, Peter Menzel, Stock; p. 87, Jean-Luc Tabuteau, The Image Works; p. 87, Peter Menzel; p. 191, Armel Brucelle, Sygma; p. 99, Patrick Montagne, Photo Researchers; p. 111, Peter Menzel, Stock; p. 117, UPI/Bettman; p. 123, Beryl Goldberg; p. 128, Stuart Cohen, Comstock; p. 135, Elizabeth Glasgow, Monkmeyer; p. 139, Spencer Grant, The Picture Cube; p. 142, SIDA; p. 145, Patrick Chauval, Sygma; p. 147, Patrick Chauval, Sygma; p. 151, Stuart Cohen, Comstock; p. 154, Peter Menzel; p. 155, Stuart Cohen, Comstock; p. 160, Peter Menzel; p. 163, UPI/Bettman; pp. 164–165, Stuart Cohen, Comstock; p. 166, Ulrike Welsch.